# dtv

Der Optimist Achimowitz arbeitet in einem internationalen Konzern in der Abteilung »Sonstiges«, für die man leider noch keinen englischen Namen gefunden hat. Alle Kollegen bemühen sich mithilfe äußerst wichtiger Meetings, frei erfundener Marktstudien und rasant wechselnder Management-Moden, die eigene Existenzberechtigung zu beweisen. Doch Achimowitz ist anders! Er glaubt an die hehren Ziele des Unternehmens. Er hat Verständnis für Chefs und Kollegen und sogar für deren Feinde, die Kunden.
Besuchen Sie diesen Herrn doch auch im Internet (www.achimowitz.de). Der Achimowitz-Kalenderspruch des Tages motiviert Sie bis tief in den Feierabend.

*Achim Schwarze*, Jahrgang 1958, hat mal Kommunikation und Wirtschaftswissenschaften studiert. Danach ging er in die Werbung und war als Manager und Unternehmensberater für Banken, IT-Firmen und Media-Unternehmen tätig. Er hat über 30 Bücher veröffentlicht (das erste hieß ›Gartenbau und Landwirtschaft‹, das erfolgreichste ›Dünnbrettbohrer in Bonn. Aus den Dissertationen unserer Elite‹) und lebt heute abwechselnd auf einer Zimtplantage in Sri Lanka und in Berlin.

Achim Schwarze
# ACHIMOWITZ

Ein Mann sagt Ja
zur Überstunde

Deutscher Taschenbuch Verlag

Originalausgabe
November 2003
Deutscher Taschenbuch Verlag GmbH & Co. KG,
München
www.dtv.de
© 2003 der deutschsprachigen Ausgabe:
Deutscher Taschenbuch Verlag GmbH & Co. KG,
München
Umschlaggestaltung: Achim Schwarze
Satz: Fotosatz Reinhard Amann, Aichstetten
Gesetzt aus der Lino Letter 9/11˙ und der Univers
Druck und Bindung: Druckerei C. H. Beck, Nördlingen
Gedruckt auf säurefreiem, chlorfrei gebleichtem Papier
Printed in Germany · ISBN 3-423-20673-X

# Total Customer Satisfaction

> **Falsch:** *Unsere Kunden sind unsympathische Querulanten und Idioten, aber je mehr sie sich aufspielen, desto mehr Gemeinheiten lassen wir uns einfallen, um sie bis aufs Mark zu quälen.*
>
> **Richtig:** *Dem partnerschaftlichen Dialog zwischen dem Kunden und uns als Anbieter individueller Lösungen (Solution Provider) entnehmen wir wesentliche Impulse für unsere aktuellen Weiterentwicklungen und Innovationen.*
>
> Aus: Achimowitz, ›Ratgeber Business-Jargon. Wie sage ich es richtig‹

»Sie sehen ja schrecklich aus!«, befand Frau Besinger, als ich am Montag ins Büro kam. »Was haben Sie denn am Wochenende angestellt?«

»Ich bin kaum zum Schlafen gekommen.«

»Sie sind mir ja ein ganz Schlimmer.«

Sie hatte Recht, manchmal übertrieb ich es mit dem Lesen, aber ›Zufriedene Kunden‹, ›Wie man Kunden glücklich macht‹ und ›Totale Kundenzufriedenheit in 30 Tagen!‹ waren einfach zu spannend, um sie aus der Hand zu legen! Und jetzt war ich begierig darauf, die Tipps aus den Ratgebern sofort in der Praxis einzusetzen.

Jedem Kunden, mit dem ich in dieser Woche telefonierte, hörte ich mit großer Zuneigung zu. Neben das Telefon hatte ich einen Spiegel mit der Aufschrift »Lächeln!« gestellt, denn die Ratgeber sagten: »Ein Lächeln kann man hören.«

Ich stellte interessierte Fragen, zeigte Verständnis und war verbindlich – ganz nach Lehrbuch. Niemand wurde abgefertigt, abgekanzelt, abgefrühstückt, abgewürgt oder abgewimmelt.

Die Sache hatte einen kleinen Nachteil: Ich bekam immer mehr Anrufe von Kunden und fand immer weniger Zeit zum Arbeiten.

Schon bald brachte mich meine Kundenorientierung in ernsthafte Schwierigkeiten: »Ich habe gehört, Sie sollen so freundlich zu den Kunden sein«, sagte eine mir unbekannte Anruferin. »Wir sind zwar nicht Kunde Ihrer Abteilung, aber sicher können Sie uns trotzdem weiterhelfen. Es ist sehr, sehr dringend.«

»Was kann ich für Sie tun?«

»Wir bräuchten da unbedingt einen neuen Großflughafen.«

»Eigentlich bin ich eher für ›Sonstiges‹ zuständig, aber meine Kollegen ...«

»Aber ist ein Großflughafen nicht der Inbegriff von ›Sonstiges‹?«

»Nun ja, eigentlich nicht direkt ...«

»Bitte«, flehte mich die nette Frauenstimme am anderen Ende der Leitung an, »*bitte* helfen Sie mir! Sie persönlich!«

»Ich werde mein Bestes geben, um auch Sie glücklich zu machen.«

»Sie sind wunderbar, Herr Achimowitz«, sagte sie und erkundigte sich wenige charmante Sätze später, ob ich eigentlich verheiratet sei, und wenn ja, wie lange noch.

Ich ging zu Falkenstein. »Ein Großflughafen? Das ist nichts für uns.«

»Wieso nicht? Das könnte das Sprungbrett für Ihre Beförderung sein. Der Großflughafen ist Ihre größte Chance ...«

»... mir das Genick zu brechen.«

»Vielleicht sieht Dr. Breuer das anders. Ich gehe kurz mal hoch in sein Büro«, sagte ich.

»Das ist meine Aufgabe«, meinte Falkenstein säuerlich.

Also gingen wir beide zum Bereichsleiter.

»Ist es wirklich wahr«, sagte Breuer, »dass die von der Großflughafenabteilung ...«

Falkenstein unterbrach ihn: »Metropolitan Aviation Facility Development Division.«

»... dass diese Leute den Auftrag trotz zweijähriger Bemühungen nicht angenommen haben?«

»Ja, aber das wird seine tieferen Gründe haben, Herr Dr. Breuer. Und wir können Kollegen aus anderen Abteilungen nicht einfach die Kunden wegnehmen, Herr Dr. Breuer, das wäre nicht fair und ein schlechtes Vorbild.«

»Mit 98 Millionen Euro Auftragsvolumen liegt das Projekt 2 Millionen unter der Großflughafenuntergrenze von 100 Millionen. Damit fällt der Großflughafen eigentlich in den Bereich Civil Construction, Abteilung Airports, Marinas and Autobahnen«, sagte Dr. Breuer.

»Auf keinen Fall!«, sagte Falkenstein. »Die dürfen keine Großflughäfen anpacken! Egal wie billig sie sind!«

»Wirklich?«, sagte Dr. Breuer und strahlte.

Der Bereichsleiter überlegte. Nachdem er die Miene seines Kugelschreibers rund 200 Mal raus und dann wieder rein gedrückt hatte, traf er eine einsame Entscheidung: »Ich gehe mit dem Geschäftsführer essen.«

Einige Tage später verkündete mir Falkenstein, was ihm Dr. Breuer über das Essen mit dem Geschäftsführer erzählt hatte. »Es muss wundervoll gewesen sein. Es gab frische Steinpilze, und das im Mai! Und der Geschäftsführer hat sich wohl, kaum dass er alle harten Fakten kannte, ohne Zögern zu einer glasklaren Entscheidung durchgerungen.«

»Dafür oder dagegen?«, fragte ich aufgeregt.

»Er geht mit dem Vorstand essen.«

Als sich der Geschäftsführer mit dem Vorstand zu Mittag traf, waren seit der sehr, sehr dringenden Anfrage der netten Dame gut sechs Wochen vergangen. Es dauerte nur eine Woche, bis Breuer das Ergebnis erfuhr. Umgehend bestellte er Falkenstein und mich in sein Büro.

»Es ist ein einmaliger Vorgang in der Firmengeschichte, dass eine so geringfügige Angelegenheit in so kurzer Zeit zur Kenntnis des Vorstands gelangt ist. Nicht mal die Großflughafenuntergrenze wurde überschritten. Der Vorstand ist sehr beeindruckt gewesen, dass man im Mai Steinpilze bekommen kann. An Filetspitzen, wirklich köstlich. Und von wem stammt der Tipp mit dem Restaurant? Na? Von mir natürlich.«

»Herr Dr. Breuer, vielen ist das Ausmaß Ihres positiven Einflusses auf die Geschicke des Unternehmens gar nicht bewusst. Vielleicht ist das der Preis, den man für vornehme Bescheidenheit zahlen muss. Mir geht es ganz ähnlich.«

»Ist denn eine Entscheidung gefallen?«, fragte ich.

»Der Geschäftsführer sieht unseren Konzern inmitten globaler Herausforderungen.«

»Sehen Sie, Achimowitz, genau mein Reden.«

»Der Vorstand meint, dass wir uns den globalen Herausforderungen mutig stellen müssen.«

»Hören Sie genau hin, Achimowitz, der Vorstand teilt meine Haltung Wort für Wort. Ein wirklicher Visionär, der Mann. Wir können froh sein, dass wir die Ehre haben . . .«

»Achimowitz hat künftig bei allen Kundenanfragen freie Hand.«

Falkenstein fasste sich erstaunlich schnell. »Eine hervorragende Entscheidung. Wenn Sie das den Herren bei Gelegenheit von mir ausrichten könnten, Herr Dr. Breuer? Und wie, sagten Sie, hieß dieses Restaurant?«

In der folgenden Zeit bekam ich viele interessante Anrufe.

Ein Mann aus Gießen rief wegen einer Reklamation an und nach etwa einer halben Stunde stockte das Gespräch plötzlich. Dann hörte ich Schluchzen.

»Es geht gleich wieder«, sagte mein Anrufer mit tränenerstickter Stimme.

Ich hörte vornehm weg.

Er schneuzte sich. »Entschuldigung, das ist mir jetzt sehr peinlich.«

»Das braucht Ihnen doch nicht peinlich zu sein. Sie und wir sind wie eine Familie. Wir freuen uns, wenn unsere Kunden mit ihren wundervollen Emotionen . . .«

»Sie sind so gut zu mir – viel zu gut. Dabei habe ich mir die Reklamation nur ausgedacht, weil ich endlich mal wieder von einem Menschen freundlich und verständnisvoll behandelt werden wollte.«

Der ›stern‹ rief an, wollte einen Artikel über die Service-Wüste Deutschland mit mir als Silberstreif am Horizont bringen, ›Focus‹ plante als Titelstory »Aufbruch ins Service-Jahrtausend« und flehte mich um ein ganzseitiges Exklusiv-Interview und die »Zwölf goldenen Regeln der Kundennähe« an. ›Gala‹ erkundigte sich, ob ich gut aussähe oder wenigstens eine gut aussehende Partnerin hätte. Im Fall einer hässlichen Wohnung würde man in ein Hotel ausweichen.

»Warten Sie schon lange?«, fragte ich am Anfang jedes Telefonats.

»Nein. Ich habe die gesamte Warteschleifen-CD erst zweimal durchgehört«, sagte ein Kunde und regte an, »es wäre sicher noch kundenfreundlicher, wenn Sie als Wartemusik nicht unbedingt ›Tannhäuser‹ verwenden würden.«

»Sekunde«, sagte ich meinem Anrufer. »Frau Besinger, könnten Sie schnell mal bei Amazon den ›Ring des Nibelungen‹ bestellen!?«

Dr. Breuer meinte, ich bräuchte Verstärkung. Falkenstein unterstützte den Ansatz: »Selbstverständlich stelle ich alle meine Leute gern zur Verfügung. Allerdings ist es nicht jedem gegeben, mit x-beliebigen Menschen stundenlang herumzuplaudern, egal wie belanglos ihre Anliegen oder ihre Umsätze sind. Viele Menschen arbeiten lieber ergebnisorientiert. Wenn ihre Kernkompetenzen im produktiven Bereich liegen, sollte man sie nicht zwingen Achimowitz zu imitieren.«

»Vielleicht finden wir Freiwillige«, meinte Breuer.

Fiedler und Besinger hatten keine Probleme, meine Ideen von Kundenfreundlichkeit zu übernehmen. Paulsen konnte irgendwas »ausgesprochen Dringendes vorerst leider nicht zurückstellen«. Ströhmer äußerte sich sehr differenziert zu jeglicher Art von Scharlatanerie. Wickler erwies sich prinzipiell geeignet, war aber dann vier Wochen plus Überstunden damit beschäftigt, die Versprechungen in Software umzusetzen, die er seinem ersten Gesprächspartner gemacht hatte.

Also waren wir praktisch zu dritt.

Als eine neutrale Kundenbefragung ergab, dass unsere Kunden 41 Mal zufriedener waren als die Durchschnittskunden des Konzerns, wuchs unsere Bedeutung für das Gesamtunternehmen in ungeahnte Höhen.

»Nur glückliche und entspannte Kundenberater können glückliche und entspannte Kunden hervorbringen«, sagte ich zu Dr. Breuer und er tauschte unsere Drehstühle gegen bequeme Sofas aus. Wir telefonierten im Liegen.

Zum Erstaunen aller hatte Wickler die Idee mit den Massagen.

Es wurden uns schließlich sogar so absurde Wünsche erfüllt wie die Reparatur des Fotokopierers.

»Sie müssen kürzer treten!«, sagte eines Tages der Chef des dreiköpfigen Ärzteteams, das uns inzwischen betreute.

»Unser Koch verzichtet schon seit Wochen auf schwere Soßen! Und wir decken inzwischen nur noch 70 % unseres Flüssigkeitsbedarfs mit Champagner.«

»Sie haben zuviel Stress.«

»Aber das ist doch Eu-Stress«, sagte ich. »Der schadet nicht.«

»Eu oder nicht eu: Sieben 16-Stunden-Tage pro Woche sind in jedem Fall zu viel.«

»Und wenn wir auf 15 Stunden reduzieren?«

Ich nahm mir das hausinterne Telefonverzeichnis vor und rief jeden der aufgeführten 4 288 Kollegen an. »Guten Tag, ich hätte da eine kleine Reklamation.«

Nach der Aktion legte ich Dr. Breuer eine Liste vor: »Das sind sämtliche Kollegen außerhalb von ›Sonstiges‹, die ein gewisses Talent zum Zuhören besitzen.«

»Zeigen Sie mal her.« Er setzte seine Lesebrille auf. »So viele!?«, rief er entsetzt aus.

»Ja, und ich brauche alle zwölf.«

Einige hatten zuerst Schwierigkeiten, sich in unsere Arbeitsweise hineinzufinden. Drei junge Burschen saßen in meinem Büro. Ich ging noch mal alles mit ihnen durch.

Ich fragte: »Sie sind der Herr?«

»Achimowitz«, sagte der Erste.

»Und wer sind Sie?«, fragte ich den Zweiten.

»Achimowitz?«

»Selbstverständlich sind Sie das! Also noch mal, und diesmal ohne Fragezeichen: Sie sind also der Herr?«

»Äh, ja, ach so, ich? Ja, Achimowitz?«

Er war gutwillig, freundlich, motiviert – aber leider auch an der Grenze der Lernschwäche.

Ich wandte mich an den Dritten.

»Mein Name ist Achimowitz«, sagte er, »und was kann ich heute tun, um Sie an diesem Tag glücklich zu machen?«

Er war zweifellos der beste Achimowitz von den Dreien.

Eine Woche später arbeitete er als leitender Achimowitz der Spätschicht, die aus zwei Achimowitzen bestand.

Ich nahm mir einen Tag frei.

Die anderen Angestellten waren uns dankbar, dass wir uns um Anfragen und Reklamationen kümmerten, die lästigen Verkaufsgespräche führten und unseren Kollegen die Aufträge besorgten. Die Prämien bekamen sie.

Wo auch immer man uns traf, hieß es: »Danke! Von ganzem Herzen. Mein Traum ist wahr geworden. Ich habe ja immer gesagt, mir macht mein Job hier richtig Spaß. Wenn nur die Kunden nicht wären!«

Ich musste mich daran gewöhnen, dass mir häufiger auf den Fluren applaudiert wurde.

Im Lauf der Zeit fiel mir auf, dass in der Kantine mehr getrunken wurde, und immer öfter kam es zu lautstarken Auseinandersetzungen. Nachdem der Vorstand den Bierausschank untersagt hatte, brachten die Leute Spirituosen in Mineralwasserflaschen mit.

Ich hörte wiederholt Pöbeleien auf den Gängen. Gelegentlich fanden in den Fotokopierräumen Schlägereien statt.

In vielen Büros traf man Mitarbeiter an, die wie versteinert an ihren Schreibtischen saßen und apathisch auf den Monitor starrten.

»Keine Lust zu nix«, lautete die verbreitete Selbstdiagnose.

»Vielleicht muntert es sie auf, ein paar dumme Sprüche oder schweinische Cartoons an die Kollegen weiterzumailen.«

»Nö. Doof.«

»Spielen Sie eine Runde Freecell, Minesweeper, Pinball oder Solitär!«

»Nö. Doof.«

Stumpf sahen sie auf den Bildschirmschoner, als sei die Moorhuhnjagd nie erfunden worden. Nicht einmal private Telefonate wollten sie führen.

Falkenstein meinte zwar, diese Fälle hätte es vorher auch schon gegeben. Aber doch nicht mehr als drei!

Die Selbstmordquote steigerte sich um den Faktor 41.

Ein Topmanager wählte die 0190er-Notruf-Nummer von McKinsey.

Eine Woche später – vier Consultants hatten sich im Rahmen der Mitarbeiterbefragungen ernsthafte Verletzungen zugezogen – wurde das Ergebnis der Blitzumfrage präsentiert. Ein Senior Consultant der McKinsey-Zentrale, 27 Jahre alt, stellte dem Management das Resultat vor:

»Durch das Achimowitz-Team ist ein Vakuum entstanden.«

»Was für ein Vakuum?«, fragte ein Vorstand.

»Zuerst waren alle dankbar, dass sie nichts mehr mit den Kunden zu tun hatten. Aber dann stellte sich das Problem: Wohin mit dem Frust, wenn da kein Kunde ist, den man quälen kann?«

Das klang logisch! Daran hatte ich gar nicht gedacht!

»Wohin mit all der Aggression? Plötzlich richtet sie sich gegen den eigenen Körper. Oder gegen die Kollegen.«

Das allerdings erklärte Selbstverstümmelungen an Spiralbindungsautomaten und Kaffeemaschinen, die Massenschlägereien in Aufzügen und Waschräumen.

»Die Stimmung ist im Keller.«

Der Beamer warf die üblichen Tortengrafiken, Balkendiagramme und diese komplizierten Streuungs-Statistiken mit vier Begriffen in den vier Ecken und vollkommen rätselhaften Punkthaufen dazwischen an die Wand.

»Mitarbeiter wollen hassen«, sagte der McKinsey-Mann. »Aber *wen* sollen sie hassen?«

Er schloss mit einem leidenschaftlichen Appell: »Geben Sie den Leuten ihre Kunden zurück!«

Alle sahen mich an. Für einen Moment kam ich mir vor wie ein Dieb.

Der Vorstandsvorsitzende schaltete sich ein. »Durch die neue Art der Kundenbetreuung haben wir aber unglaubliche Umsatzsteigerungen realisiert. Das können wir nicht einfach wegwerfen. Wir sollten zuerst die Kunden befragen.«

»Bis wann?«

»Am besten gestern.«

»Aber Sie wissen...« – der McKinsey-Mann rieb sich die Hände. Bei McKinsey liebte man Consultants, die Aufträge mit 50 % Expresszuschlag an Land zogen.

»Wir haben keine Zeit zu verlieren.«

Zwei Wochen drauf legte McKinsey die Ergebnisse der Kundenbefragung vor. Die Präsentation konnte es mit einer durchschnittlichen Hollywood-Produktion aufnehmen, verfügte aber über bessere Special Effects. »Die Kunden lieben es, freundlich behandelt zu werden«, sagte der McKinsey-Mann.

»Sehen Sie«, flüsterte ein Vorstand hörbar dem anderen Vorstand zu.

»Sie haben immer schon davon geträumt, ernst genommen und von einem echten Partner bedient zu werden.«

»Genau das sage ich immer zu meinen Studenten an der Uni«, flüsterte der andere Vorstand zurück.

»Und trotzdem«, sagte der McKinsey-Mann, »sind Ihre Kunden unzufrieden.«

»Das klingt aber sehr unlogisch«, warf der Vorstandsvorsitzende ein.

»Kunden sind nun mal Menschen.«

»Naja, das würde ich etwas differenzierter sehen«, sagte ein Vorstand halblaut und seine Nebensitzer lachten ein vornehmes Vorstands-Lachen.

»Und weil sie Menschen sind, brauchen sie die Möglichkeit, einen arroganten, abweisenden, inkompetenten Lieferanten einzuschüchtern und zu bedrohen; ihn bei seinem Chef schlecht zu machen; sich über ihn zu beschweren und sich genüsslich vorzustellen, wie seine Karriere dank ihrer Intervention abrupt knickt, um schließlich in der Gosse zu enden.«

Zwei Vorstandsmitglieder sprangen auf.

»Dreckiges Kundenpack!«

Immer mehr hummerfarbene Gesichter.

»Die sollen nur kommen!«

Fäuste wurden gereckt.

»Denen werden wir den Kopf schon waschen!«

Platzende Kragen.

»Ich war selbst mal im Vertrieb. Kunden sind Tiere!«

»Bitte mäßigen Sie sich, meine Herren«, sagte der Vorstandsvorsitzende streng und wandte sich an den McKinsey-Mann: »Wenn der Kunde von einem freundlichen, hilfsbereiten Ansprechpartner wie unserem Herrn Achimowitz betreut wird, bleibt ihm doch trotzdem die Möglichkeit, seine Aggressionen an unserem Mitarbeiter auszulassen.«

»Nein, das macht dem Kunden keinen Spaß! Einen netten, verständnisvollen Menschen gnadenlos niederzumachen, das wäre ja unfair und sadistisch. So ist man nicht veranlagt. Der Mitarbeiter muss es schon verdient haben!«

Die Vorstandsrunde schaute ratlos drein.

»Kurz zusammengefasst«, sagte der McKinsey-Mann, »Kunden wollen schlecht behandelt werden, um selbst schlecht behandeln zu können.«

In den folgenden Tagen riefen mich mehrere hochrangige Manager an und baten mich: »Bitte werfen Sie diese Bücher weg und helfen Sie uns, eine ausreichende Kundenunzufriedenheit zu erreichen.«

»Das wird mir ziemlich schwer fallen.«

»Die Zukunft des Konzerns liegt in Ihren Händen.«

»Und was soll mit meinem verständnisvollen und hilfsbereiten Team geschehen?«

Ein paar Achimowitze wurden über die diversen Bereiche des Konzerns verteilt, aber ausschließlich mit Neukunden beschäftigt. Hier konnte Freundlichkeit keinen größeren Schaden anrichten.

Schon bald berichtete die Marktforschung wieder normale Werte bei der Kundenzufriedenheit, also im Bereich zwischen mangelhaft und ungenügend.

»Sehr gut«, sagte Dr. Breuer. »Endlich! Alle Voraussetzungen für den Bierausschank sind wieder erfüllt.«

PS: Aus den beschriebenen Erfahrungen habe ich ein Konzept zur Umstrukturierung des Konzerns entwickelt: Alle Kundenkontakte werden künftig von Zweierteams durchgeführt. Einer ist der Kundenbetreuer, der den Kunden beleidigt oder, wenn er seinen faulen Tag hat, ignoriert. »In meinen Augen sind Sie inkompetent und unsympathisch, Herr Kunde. Ich habe keine Zeit und Lust, mich um Ihren Quatsch zu kümmern. Wenn Ihnen das nicht gefällt, beschweren Sie sich bei meinem Chef!« – Durchwahl soundso.

Nun ruft der Kunde, stinksauer und von Vernichtungsfantasien besessen, den »Chef« an, der in Wirklichkeit der Partner im Zweier-Team ist.

»Was? Das hat Ihnen mein Untergebener angetan? Dieser psychopathische Wurm! Ich werde dafür sorgen, dass dieser Mann Höllenqualen durchleidet, bis er nicht mehr weiß, ob er Männchen oder Weibchen ist. Und wo ich Sie grad an der Strippe habe: Unser aktuelles Sonderangebot wäre doch sicher was für Sie!? – Sehen Sie! – Ich habe mir privat einen reichlichen Vorrat davon zugelegt. – Warum nehmen Sie nicht gleich drei? – Da haben Sie recht. – Danke. – Schönen Tag, und wegen der Bestrafung können Sie sich voll auf mich verlassen! – Ja, wenn's nötig ist, auch mit unfairen Mitteln.«

Und die sind immer nötig.

# Privilegien

»Wissen Sie, was das hier ist?«

Ich saß mit 4000 weiteren Kollegen im großen Saal des Kongresszentrums und lauschte der Rede des Vorstandsvorsitzenden auf dem »Equity, Equality, Quality-Summit«, einem Event, den Paulsen abschätzig »Betriebsversammlung« nannte. Unser Vorstandsvorsitzender hielt etwas hoch, von dem in dem riesigen Auditorium außer dem Topmanagement in der ersten Reihe nur die Rollstuhlfahrer vorn an der Bühne erkennen konnten, dass es hellbraun und rund war.

Der mobile Kameramann eilte geduckt auf das Rednerpult zu und fokussierte den Gegenstand. Plötzlich erschien auf der angeblich größten Projektionsleinwand Europas formatfüllend etwas, das aussah wie ein Keks. War das das neue Killerprodukt, an dem die Besten des Konzerns unter höchster Geheimhaltung gearbeitet hatten, um die entscheidende internationale Wende zu bringen, die V2 des Konzerns, über die auf den Fluren gemunkelt wurde? Ich war ganz aufgeregt.

»Das hier, meine Damen und Herren«, sagte der Vorstandsvorsitzende, »ist ein Keks.«

Ich war gespannt, wie wir mit diesem Keks die Chinesen, Koreaner und Japaner besiegen würden.

»Aber es ist nicht irgendein Keks!«

Ich hatte es vermutet.

»Er ist ein Vertreter von acht verschiedenen Kekssorten, die gemeinsam die billigste am Markt erhältliche Keksmischung repräsentieren.«

Natürlich! *Das* war die große Vision des Vorstands! Mit cutting-edge-state-of-the art-Keks-Technologie würden wir den globalen Keksmarkt unter unsere Kontrolle bringen! Vielleicht hatten wir den selbst reproduzierenden Gen-Keks entwickelt. Oder die Keksdose, die sich selbst über das Internet nachbestellt, wenn sie halb leer oder muffig ist, und die eine SMS aufs Handy schickt: »Zwei Wochen keinen Keks gegessen. Ich bin lecker. Nimm mich!«

»Jeden Monat kaufen wir sechs Europaletten davon bei ALDI ein.«

Wie bitte? Ich fand es unerträglich, dass ein so großes Unternehmen wie wir sich in derartige Abhängigkeiten begab. Das musste sich ändern.

»Diese Keksmischung liegt bei allen Sitzungen unserer Angestellten aus und wird auch von Praktikanten verzehrt.«

Jetzt erkannte ich den Keks wieder. Über viele Wochen hatte dieses Gebäckstück die Basis meiner Ernährung gebildet.

Der Vorstandsvorsitzende legte den Keks auf das Pult.

»Wenn meine Vorstandskollegen und ich in unseren Vorstandssitzungen über Hunderte von Millionen befinden, wenn wir Schicksalsentscheidungen fällen mit Konsequenzen für die internationalen Märkte – was, frage ich Sie, verzehren wir, die scheinbar allmächtige Konzernspitze, in diesen so dramatischen Stunden?«

Wie oft hatten wir im Kollegenkreis über diese Frage gestritten! Kaviar, Champagner, Hummer, raffinierte Konfiserie?

»Ich werde es Ihnen verraten: ALDI-Kekse.«

Ein Zucken ging durch den Saal. Ein ungläubiges Murmeln breitete sich aus.

»Und dazu trinken wir ALDI-Kaffee.«

War das wirklich die Ursache für den Niedergang der letzten Quartale? Ich notierte: »Umfang Produkthaftung ALDI prüfen. Klage?«

»Es gibt nur *einen* im gesamten Konzern, der irgendwelche Privilegien besitzt: Unser EDV-Leiter Müller liebt die Waffeln mit der Schokofüllung, und weil das jeder weiß und jede Abteilung sofort schließen müsste, wenn sie sich seinen Unmut zuzöge, wird dieses Achtel der Mischung bei vielen Meetings geschont. Außer manchmal, weil man das entsprechende Vorwissen von Kunden natürlich nicht verlangen kann, aber dafür hat unser EDV-Leiter Verständnis, denn es dient dem Wohl des Konzerns.«

So viel zum Thema Vorstandsprivilegien.

# Der Zellmer-Effekt

Mittwoch. Das »Sonstiges«-Team saß um den Konferenztisch und beobachtete die Bewegung sämtlicher Zeiger der mitgebrachten Armbanduhren.

»Bestimmt irren wir uns und der Termin ist nächsten Mittwoch«, sagte Frau Busche.

»Vielleicht war er letzten Mittwoch«, meinte Besinger.

»Quatsch, dann hätten wir längst Ärger bekommen«, warf Paulsen ein.

»Vielleicht hatte er einen Unfall«, warf Ströhmer ein.

»Ist heute wirklich der Vierzehnte?«, fragte Busche.

»Es gibt so viele Konferenzzimmer hier im Gebäude«, bemerkte Frau Besinger. Sie verirrte sich oft und wurde dann von hilfsbereiten Angestellten zurück zu »Sonstiges« gebracht, die sich dann die nächsten Tage regelmäßig zu »Sonstiges« verirrten, um mikroskopisch kleine Probleme im Radius von drei Metern um Frau Besinger zu entdecken und diese so effektvoll zu lösen, dass die zweite Hälfte des Arbeitstags für den Vortrag der persönlichen Heldensaga übrig blieb und die Frage: »Warum arbeiten Sie nicht als Model?«

»Sicher kommt er gleich«, sagte ich im Fünf-Minuten-Takt.

»Mit einer Stunde und 58 Minuten Verspätung?«

»Besser als gar nicht«, sagte ich. War ich der Einzige, bei dem das Positiv-Denken-Seminar irgendeine Wirkung hinterlassen hatte?

Über zwei Monate hatten wir die gesamte Bettel-Kompetenz der Abteilung aufbieten müssen, um diesen Termin zu bekommen, den wichtigsten seit über einem halben Jahr. Aber nun fand das Meeting ohne die Hauptperson statt. Der Geschäftsführer hatte uns versetzt.

»Ohne das Okay des Geschäftsführers können wir nicht weitermachen«, sagte ich zu Falkenstein, meinem Vorgesetzten, als wir mit hängenden Köpfen in unsere Büros zurückgekehrt waren. »Wir kommen schwerstens in Verzug.«

»Aber es ist nicht unsere Schuld! Das müssen wir nur klar genug herausstellen.«

Ich reichte Falkenstein ein Blatt mit der Überschrift: »Entwicklung der Vorwürfe ab Kalenderwoche 17.«

»Und?«

»Wechsler hat ein Programm geschrieben, mit dem er den steigenden Druck auf ›Sonstiges‹ hochrechnet. Diese rote Linie hier bedeutet, dass sich die gesamte Abteilung ab Dienstag in einer Woche um 14 Uhr 28 ausschließlich rechtfertigt.«

»Der Rechtfertigungsanteil der Arbeitszeit steigt ...«

»... von den üblichen 20 auf 100 %«, sagte ich und nickte.

»Dann machen wir eben ein paar Überstunden«, sagte Falkenstein.

»Die sind längst fürs Rechtfertigen verplant.«

Falkenstein studierte das Blatt. Plötzlich entspannten sich seine Züge. »Halb so schlimm«, sagte er und deutete auf die Grafik, »hier geht die Kurve ja wieder nach unten.«

»Dieses Chart beschreibt die Karriereentwicklung des Teams.«

Falkenstein griff zum Telefon. »Warum konnte der Herr Geschäftsführer nicht zu unserem Meeting erscheinen?« fragte er die Sekretärin des Vermissten mit einer Freundlichkeit, deren Glaubwürdigkeit mir Angst machte. »Er hatte den Termin gestern noch bestätigt, und er selbst hatte darauf bestanden, bei dieser entscheidenden Konferenz dabei zu sein.«

Falkenstein stellte auf Freisprecher, so dass wie mithören konnten, was das Vorzimmer sagte: »Der Herr Geschäftsführer ist untröstlich und entschuldigt sich in aller Form, aber es kam ganz unvorhergesehen eine Angelegenheit dazwischen, die keinerlei Aufschub erlaubte. Hinsichtlich der weiteren Terminabstimmung darf ich Ihnen mitteilen, dass wir Sie natürlich bevorzugt auf einen Ausweichtermin legen. Mit A-Priorität! Oh, hier zum Beispiel, *den* Termin wird er sicher absagen – ich habe nichts gesagt, Sie verstehen, aber das sieht sehr gut aus –, also das wäre der Mittwoch in sechs Wochen, allerdings unter Vorbehalt, gegen halb sechs.«

»Wunderbar, ich notiere, 17 Uhr 30.«
»Nein, ich sagte halb sechs, das wäre dann 5 Uhr 30.«
»Gibt es eine Alternative?«
»Sekunde. – Sie haben Glück. Schon zwei Tage später, am Freitag. Sagen wir 21 Uhr 45?«
Falkenstein legte auf.
Für mich war der Fall klar: »Das haben wir Zellmer zu verdanken.«
Falkenstein nickte grimmig.
Wahrscheinlich hatte unser Geschäftsführer kurzfristig von einem Zellmer-Meeting erfahren. Dagegen hatten wir natürlich keine Chance und eigentlich konnte man ihm nicht mal wirklich böse sein für sein Ausbleiben. Ein Zellmer-Meeting ging *immer* vor.

Ich hatte unzählige Meetings mit Chef-Beteiligung, aber ohne Zellmer-Effekt erlebt und sie waren alle ähnlich abgelaufen. Ein typisches Beispiel:

**Das normale Meeting**

20 Minuten nach dem offiziellen Sitzungsbeginn waren sämtliche Tagesordnungspunkte erschöpfend abgearbeitet, um die der Sitzungsleiter die Agenda spontan erweitert hatte: neue Autotypen und Fernsehauftritte der Polit-Prominenz, andere Fernseh-Highlights und die unglaublichen Schicksale hausinterner Versager, die die Treppe hochgefallen waren, weil sie auf magischem Schleim ausgeglitten waren. Einer von »Sales«, den mir ein Kollege als »Vertriebssau mit Stahlschuh« beschrieben hatte, stellte schließlich die Frage in den Raum: »Was ist der Unterschied zwischen einem Key-Account-Manager und einem Frauenarzt?«

Der Sitzungsleiter sagte nun: »Tja, äh, also, dann, äh, fangen wir schon mal ohne den Chef an?«

Es wurde ruhiger und alle Anwesenden rutschten nervös auf ihren Stühlen herum.

»Wer will?«

Niemand meldete sich. Klar: Niemand wollte versäumt werden.

»Möller, ich denke, vielleicht sollten Sie...«

Möller, der Wehrloseste, stellte sich beschäftigt.

»Möller?«

In einer Geschwindigkeit, die seit der Erfindung der Langsamkeit wohl nicht mehr unterboten worden war, schlich Möller mit hängenden Schultern zum Overhead-Projektor, legte seine Begrüßungsfolie auf und begrüßte die Anwesenden. Er dankte jedem Einzelnen fürs Kommen und stellte die individuellen Verdienste der Kollegen so ausführlich dar, als wolle er jeden in den Ruhestand schicken.

»Möller. Bitte!«, sagte der Gruppenleiter.

Möller ging von der Begrüßung zu Einleitung über. »Die Optimierung der Wertschöpfungskette als Vision und Konzept hatte schon in der griechischen Antike ihre...«

»Kommen Sie bitte zum Punkt, Möller«, sagte der Gruppenleiter nun schon zum dritten Mal – und flehentlich.

»Selbstverständlich«, antwortete Möller und trug seine Einleitung ganz ohne Odysseus vor. Ich fand die Ausführungen über die Entwicklung der Stadt Florenz im Mittelalter am interessantesten.

»Möller!«

Der Vortragende war in der Gegenwart angelangt und ratlos. Er seufzte tief und legte eine Folie mit einer Tabelle auf. Ich sah ihm an, dass dieses Blatt voller Kästchen mit Zahlen der dramatische Höhepunkt seiner Karriere war. Diese Tabelle *musste* der Chef einfach sehen!

»Wie Sie sehen, habe ich eine Tabelle erstellt.«

Alle nickten.

»Warum gerade eine Tabelle, werden Sie sich fragen, aber dazu muss ich ein bißchen ausholen...«

»Zum Punkt, Möller!«

Möller zuckte zusammen. »Natürlich, ich wollte ja nur...« Er wischte sich den Schweiß von der Stirn. »In der vierten Spalte von links sehen Sie die Gewinne.«

Alle nickten.

»Wie Sie vielleicht wissen, ergeben sich Gewinne aus Einnahmen, die höher sind als Ausgaben, oder, um das noch etwas zu präzisieren...«

»Nein, wirklich, Möller, wir wissen alle, was Gewinne sind.«

»Von rechts gezählt, stehen die Gewinne in der sechsten Spalte.«

»Es reicht jetzt, Möller!«

»Äh, natürlich, aber vielleicht sollten wir hier einen Break machen.«

»Warum?«

»Äh – für Rückfragen?«

Keiner fragte etwas.

»Oder eine kleine Pause.«

»Nach 20 Minuten?«

»Dann lese ich jetzt wohl am besten mal die Zahlen vor.«

»Möller!«

»Ja?«

»Wie wäre es mit – der nächsten Folie?«

Ein kurzes kleines Aufbäumen, doch die nächste Folie ließ sich nicht vermeiden. Der letzte Rest Lebenssinn verließ Möllers körperliche Hülle, wenn auch etwas weniger deutlich sichtbar als in ›Der Exorzist‹.

Kaum hatte Möller die Folie »Sonstiges« aufgelegt, bewegte sich die Klinke der Tür so langsam und leise nach unten wie kurz vor bestialischen Lustmorden in Hollywood-Thrillern. Schlagartig baute sich atemlose Spannung im Sitzungssaal auf.

Ganz langsam öffnete sich die Tür – leider ohne Quietschen. Jemand schlich rein. Der psychopathische Serienmörder? Nicht mit so einer Krawatte!

Alle 14 Sitzungsteilnehmer sahen gleichzeitig auf ihre Uhren. Es war 22 Minuten nach dem 20 Minuten verspäteten Beginn. Typisch Chef.

Als Ouvertüre führte der Chef seine berühmte »Wir-verzichten-jetzt-mal-auf-förmliche-Begrüßungen-machen-Sie-ruhig-weiter-junger-Mann-und-tun-Sie-so-als-wäre-ich-gar-nicht-hier«-Pantomime auf, so wie ein professioneller Einbrecher seinen ungeschickten Gehilfen zur Ruhe mahnt, wenn dieser am Tatort Blechschüsseln umstößt.

Der Chef setzte sich und begann sofort auf seinem Stuhl hin und her zu rutschen.

Möller, der eben noch Belangloses vorgetragen hatte, redete jetzt Zusammenhangloses, was aber nicht störend auffiel, denn das Handy des Chefs klingelte. Der Chef gab eine wirklich gelungene »Sorry«-Pantomime, gefolgt vom »Was-gibt's-denn-so-Wichtiges-ich-kann-jetzt-nicht-also-machen-Sie's-kurz-das-darf-doch-nicht-wahr-sein«-Monolog, den er mit höchster Konzentration und sehr laut flüsterte, und alle spitzten die Ohren in der Hoffnung auf große Zahlen, noch größere Namen und Peinlichkeiten.

Möllers Stammeln steigerte sich zu einem Schweigen mit Lippenbewegung und hüpfendem Adamsapfel, was aber ebenfalls nicht störend auffiel, weil ihm ohnehin niemand zuhörte. Sollte er eine Pause einlegen, bis der Chef zu Ende telefoniert hatte? Würde das seinen Vortrag ganz auseinander reißen? Sprach er das jetzt – oder dachte er nur, dass er sprach, fragte er sich, und war sich nicht sicher, ob sein Vortrag schon angefangen hatte.

Nun erhob der Chef seine Stimme und zischte gestresst ins Handy: »Ich kann nicht lauter sprechen, ich bin mitten in einem wichtigen Meeting!«

Hatte er »wichtig« gesagt? Alle Anwesenden strahlten stolz.

»Viel-leicht soll-ten wir das Er-geb-nis vor-zie-hen?«, sagte der Gruppenleiter mit überdeutlichem Flüstern, und der Streber des Teams, seit Eintritt des Chefs in höchster Erregung, wartete in Halb-aufgestanden-Stellung zwischen Stuhl und Tisch, wie ein Schwimmer auf dem Startblock, auf den Startschuss für seinen brillanten Auftritt. Eine gute Übung zur Kräftigung der Bauchmuskeln, wenn man sie regelmäßig durchführt.

Doch der Chef schüttelte den Kopf und winkte beschwichtigend ab, er wollte alles ganz natürlich haben. Seine Gesten sagten unmissverständlich: »Seien Sie so langweilig wie immer.«

Also weiter mit Möller, dem während seiner »Sonstiges«-Folie einfach keine Idee kommen wollte, wie sich seine Hammer-Folie mit der Tabelle ein zweites Mal einflechten ließ.

Der Chef stand auf, das Handy am Ohr. Mit der freien Hand gestikulierte er in die Runde, so wie ein Dirigent den Philharmonikern das Pianissimo nahe legt, allerdings ohne versteinertes Karajan-Gesicht, sondern jovial lächelnd, während er sich, im Flüsterton weiter telefonierend, rückwärts zur Tür bewegte und dabei ein paar unbesetzte Stühle umwarf.

Als er zurückkam, war Möller durch den Streber ersetzt.

Der Chef nahm wieder Platz. Er spielte mit seinem Handy herum. Warum rief niemand an? Könnte er das selbst reparieren?

Der Streber erzählte irgendwas über die Zahlen, die er als Chart mit bunten Fieberkurven an die Wand geworfen hatte, wobei er irgendeine Fünf vor irgendeinem Komma noch sensationeller fand als die fantastische Zwei am Anfang der kumulierten Unterdeckung im Worst-Case-Szenario.

Nach rund drei Minuten und zwanzig Blicken auf die Uhr wurde es höchste Zeit für den Chef, seine »Entschuldigung-aber-ich-muss-jetzt...-also-Tschüß-und-bitte-bleiben-Sie-doch-sitzen«-Pantomime zu geben, deren zentrales Thema die Armbanduhr war, auf die er unter aufgeregtem Kopfnicken mit Zeigefinger und Blicken deutete.

Es kam Unruhe auf.

Ein ranghoher Teilnehmer hob ein fingerdickes Dokument hoch, auf das er mit derselben Geste zeigte wie der Chef auf seine Uhr, und er formulierte in einer improvisierten Taubstummensprache zusätzliche Erklärungen, die der Interpretation mehr Spielraum ließen als die aktuellen Trends in der bildenden Kunst.

Ein anderer zeigte mit dem Finger auf die Wand links neben ihm, was bestimmt irgendwas mit einem Meeting oder Baumaßnahmen zu tun hatte.

Ein Dritter stellte einen offensichtlich abstrakten Begriff

mit einer schauspielerischen Eleganz dar, wie man sie nur in einer renommierten Clownsschule lernt. Ich schrieb mir seinen Namen auf, denn in acht Monaten musste ich eine Weihnachtsfeier organisieren.

Der Chef gab nun eine grandiose »Verstehe-mache-ich-denk-ich-dran-wir-telefonieren«-Abschiedsvorstellung.

Dann war er weg.

Ovationen, obwohl verdient, blieben aus.

Zeit für eine Pause.

»Wenn der Chef schon bei meinen Tabellen gekommen wäre...«, sagte Möller enttäuscht. »Nächstes Mal bringe ich sie erst dann, wenn er kommt.«

»Bringt auch nichts«, sagte der Streber, dessen Chart immer noch auf dem Projektor lag.

Kommt auf die Tabelle an, dachte Möller.

Er war halt noch nicht lange weg von der Uni.

**Ein Zellmer-Meeting**

Ein Meeting mit Zellmer-Beteiligung sah ganz anders aus, das stellte ich gleich bei der ersten derartigen Sitzung fest, die ich erleben durfte:

Drei Chefs waren bestellt, aber fünf Chefs waren erschienen, und zwar zwanzig Minuten vor Sitzungsbeginn. Damit war über die Hälfte aller Naturgesetze außer Kraft gesetzt.

»Sie hier?«, fragten zwei der bestellten Chefs die anderen.

»Hochinteressantes Thema«, sagten die Selbsteinlader.

»Welches Thema meinen Sie?«

»Na, das Thema... – Sie wissen schon.«

»Ja, selbstverständlich.«

»*Jedes* Thema ist wichtig!«

»Genau deswegen sind wir auch hier.«

Jetzt nickten fünf Chef-Köpfe einander zu. »Interdisziplinär agieren«. Ja, ja, genau. »Synergien anstoßen.« So ist es. »Generierung von, äh – na, Sie wissen schon.« Richtig. Und natürlich: »Man muss offen sein für alles. Man muss ständig lernen.«

Der noch fehlende eingeladene Chef wurde eine Viertelstunde vor Beginn des Meetings auf einer Rollbahre ins Konferenzzimmer geschoben. »Ich hatte heute Vormittag einen kleinen Bypass, nicht so schlimm. Ist Zellmer schon da?«

Wie auf Stichwort öffnete sich die Tür und Zellmer trat ein.

»Er kommt immer eine Viertelstunde zu früh«, erklärte mir mein Sitznachbar hastig, der nun – wie alle anderen – aufsprang und sich durch die mit Jacketts voll gehängten Konferenzstühle, die den schmalen Gang zwischen Konferenztisch und Wand blockierten, seinen Weg in die Nähe von Zellmer zu erkämpfen versuchte. Er schaffte es bis fast drei Meter an Zellmer heran.

Die Chefs hatten Zellmer umringt, und die anderen versuchten ein paar Worte aus Zellmers Mund aufzuschnappen oder zwischen den Schultern der Chefs einen Blick auf ihn zu erhaschen.

»Er soll diesmal eine volle Stunde nach Schluss bleiben«, beruhigte mich mein Sitznachbar, weil wir so wenig von Zellmer mitbekommen hatten. »Das kostet extra«, ergänzte er, »aber auf einen Schein mehr oder weniger kommt es bei Zellmers Honorar auch nicht mehr an.«

»Ich dachte, Zellmer wäre bei uns angestellt.«

»Ist er auch, aber für die Meetings nimmt er natürlich Startgeld.«

»Und wer bezahlt das?«, fragte ich verwundert.

»Der Veranstalter des Meetings. Die schlauen Abteilungsleiter führen für solche Zwecke eine schwarze Kasse. Die dummen zahlen Zellmer aus der eigenen Tasche.«

»Hat Ihre Abteilung denn schon mal...?«

»Unser Chef lässt immer den Hut rumgehen.«

»Und was leistet Zellmer dafür Besonderes?«

»Warten Sie es ab.«

Ich wollte es nicht glauben, aber ich habe es mit eigenen Augen gesehen: Alle fünf Chefs ließen ihre Handys ausgeschaltet, alle Entscheidungsträger hörten sich das gesamte Meeting an und blieben bis eine volle Stunde nach Ende der

Sitzung. Der veranstaltende Abteilungsleiter plauderte entspannt mit den zwei Chefs, die sich gerade nicht mit Zellmer unterhielten. Ich hörte Wortfetzen wie »kurzer Dienstweg«, »machen wir«, »klingt gut« und »schicken Sie mir das zur Unterschrift«. Dabei rieb sich der Abteilungsleiter ständig die Hände, wenn sie nicht gerade Chefhände schüttelten.

Auch die Selbsteinlader hatten sich in wilde Geberlaune hineingesteigert. »Das besorgen wir Ihnen«, »doppelt hält besser«, »wenn es Ihnen nichts nützt, schmeißen Sie es weg«.

Selbst ein Neuling wie ich konnte sehen: »Zellmer hat sich wieder mal gelohnt!«

Es war aber auch wirklich *zu komisch*, wie Zellmer doofe Kunden parodieren konnte!

## Paulsens beruflicher Durchbruch

»Ich erwäge zu kündigen«, sagte Paulsen.
»Warum?«, fragte ich erstaunt, »Sie haben doch einen wunderbaren Job.«
»Ich manage das langweiligste Produkt des Konzerns. Kein Mensch forscht an diesem Produkt. Jeder weiß, dass es keine Möglichkeit der Innovation gibt.«
»Niemand forscht an der Weiterentwicklung der Herrensocken und trotzdem kommen jedes Jahr neue Modelle heraus. Ändern Sie doch mal die Farbe Ihres Produkts.«
»Die Farbe! Sind Sie verrückt geworden!? Auf so einen Vorschlag lauern die von der Marktforschung doch nur, um ihre Consumer Research-Zahlen zum Thema Idealfarbe für unsere Target Groups auf den Tisch zu knallen und mich mit der zweiten Stelle nach dem Komma zu erwürgen.«
»Wie wäre es dann mit einem internationalen Feuerwerk der Werbekommunikation?«
»Wie wäre es mit einem Werbebudget jenseits von 8 000 Euro?«

In der Tat gab es nicht viel zu produktmanagen: Seine Einschätzungen und Vorschläge zu dem von ihm betreuten Produkt hatte Paulsen einmal vor drei Jahren aus den Unterlagen seines Vorgängers komponiert, und seitdem reichte es völlig, sie einmal im Quartal herauszuholen und zu kopieren. Wenn ihn die Suche nach Internetseiten langweilte, auf denen die versprochenen Erotikvideos tatsächlich kostenlos gezeigt wurden, konnte er ein paar Absätze seiner Produktbibel umformulieren oder sich neue Überschriften ausdenken. Das hatte er inzwischen etwa fünfmal getan. Paulsens Goldberg-Variationen – das ungelesenste Dokument seit Erfindung der Schrift.

Seine 38-Stunden-Woche bestand aus drei Stunden privater Telefonate, fünf Stunden Kaffeekochen und zehn Stunden, in denen er seinen Kollegen oder Falkenstein erklärte, warum er so überlastet sei mit seinem Produktmanagement, dass er leider augenblicklich keine anderen Arbeiten für das Team übernehmen könne. Die verbleibenden 20 Wochenstunden hatten ihn zum besten Moorhuhn-Jäger des gesamten Bereichs gemacht.

»Diesen wundervollen Job wollen Sie kündigen? In diesen Zeiten!?«

»Mir reicht's.«

»Da draußen wimmelt es von hoch motivierten, hervorragend ausgebildeten Uni-Absolventen, die davon träumen, Produktmanager zu sein«, sagte ich und fügte mit schonungsloser Offenheit hinzu: »Ihre einzige Chance auf einen besseren Job besteht im Irrtum eines Personalchefs, aber auf den hofften viele, die bessere Schauspieler sind als Sie.«

»Ich mache mich selbstständig.«

O Gott, noch eine Kneipe? Aber mit welchem Geld wollte Paulsen sie eröffnen?

»Meine guten Ideen sind mein wichtigstes Kapital. Dazu meine Erfahrung und meine Personality.«

Komplett uninspiriert und profillos – in welchem Geschäft bringt einem das Wettbewerbsvorteile? Wollte er in die Politik gehen?

»Als Selbstständiger erwartet Sie eine 70-Stunden-Woche voller Stress!«, sagte ich.

»Ein guter Manager kann delegieren. Ich brauche übrigens noch ein paar gute Leute, Achimowitz. Wenn Sie sich verbessern wollen, sprechen Sie mich die Tage mal darauf an.«

»Bei 32 000 Pleiten pro Jahr wollen Sie Ihr mühsam Erspartes einsetzen? Ihre Existenz riskieren?«

»Da draußen sind 10 Milliarden Euro Venture-Capital auf der Suche nach spektakulären Investment-Gelegenheiten.«

»Also meinetwegen. Mit welcher Geschäftsidee wollen Sie denn starten?«

»Ich dachte da an eine Killerapplikation«, sagte er bedeutungsvoll und zog wichtig die Augenbrauen hoch. »Eine softwarebasierte Dienstleistung, die es in vergleichbarer Art weltweit noch nicht gibt. Eine Lösung, die in sich so neuartig und interessant ist, dass alle Medien sich darum reißen werden, über sie zu berichten.«

»Und welche wäre das?«

Mit großer Geste fasste er in die Innentasche des Jacketts, das er seit drei Jahren täglich trug, und zog ein kleines Notizbuch heraus. »Hier schreibe ich jede gute Idee auf, die ich habe.«

»Wie viele haben Sie schon?«

»Montag will ich anfangen.«

# Verdienen wir genug?

Etwa 10% seines Gehalts bekommt der Angestellte für die Arbeitszeit, in der er sich mit seinen Kollegen über die Frage des angemessenen Gehalts austauscht. Die restlichen 90% sind unangemessen – aus verschiedenen Gründen:

### Unter Hypnose

»Bekommen Sie ein angemessenes Gehalt?«, fragt der Psychologe den unter Hypnose stehenden Mitarbeiter.
»Nein.«
»Schätzen Sie Ihr Gehalt als zu niedrig oder zu hoch ein?«
»Sowohl als auch«, sagt der Angestellte, sofern er BWL studiert hat und daher selbst in Trance noch zu differenzierten Einschätzungen fähig ist. »Zu hoch, wenn ich mir ansehe, was ich dafür tue. Zu niedrig, wenn ich mir ansehe, was andere für das gleiche Geld tun.«

### Verdient Fischer genug?

Beim Blättern in der ›Wirtschaftswoche‹ hatte ich eine Tabelle gefunden, in der die typischen Gehälter von Angestellten aufgelistet waren.
Fischer vom Außendienst riss mir das Magazin aus der Hand und vertiefte sich in die Tabelle.
»Ich verdiene nicht genug!«, rief er entsetzt.
»Wieso, was steht denn in der Liste?«, fragte ich.
»Als Chef muss man Minimum 70 000 Euro kassieren.«
»Aber Sie sind doch gar nicht Chef.«
»Sage ich doch!«

**Die Anpassung des Gehalts**

»Was kann ich für Sie tun, Achimowitz«, fragte mich Falkenstein, als ich auf dem irgendwie etwas zu niedrig wirkenden Stuhl vor seinem großen Schreibtisch Platz genommen hatte.

»Ich wollte mit Ihnen über die Anpassung meines Gehalts sprechen«, sagte ich. Die Sätze kamen mir ohne jedes Zögern und Stottern über die Lippen. Wieder einmal bewährten sich die vielen Übungsstunden vor dem Spiegel.

Ich war auf alle denkbaren Einwände vorbereitet.

»Ich bewundere Ihren Mut und Ihre Art, heiße Eisen direkt anzufassen«, sagte Falkenstein. »Und Sie sind der Erste, der von sich aus auf eine angemessene Reduktion seiner Bezüge zu sprechen kommt.«

# AWESOMP – Ingenieure im Kampf gegen den Overhead

> **Falsch:** *Angesichts unserer im Vergleich zum Vorstand lächerlichen Gehälter muss die Firma froh sein, dass wir überhaupt kommen. Nur unserem Nichtstun ist es zu verdanken, dass keine zusätzlichen Kosten für Telefonate, Briefe und Werbemaßnahmen entstehen.*
> **Richtig:** *Eines unserer wesentlichsten Anliegen ist die effektive Nutzung des Budgets.*
>
> Aus: Achimowitz, ›Ratgeber Business-Jargon. Wie sage ich es richtig‹

Warum waren unsere Umsätze im Consumer-Bereich zurückgegangen?

Eine spezialisierte Unternehmensberatung wurde engagiert. Mehrere Consultants waren in mehrere Kaufhäuser gegangen und hatten die Preise verglichen. Dann hatten sie eine imposante Studie erarbeitet, 214 Seiten plus zwei Kilo Anhang. In einer bescheidenen Präsentation, die den Einsatz von Nebelmaschine und Laserlightshow auf das Nötigste beschränkte, wurden die Ergebnisse vorgestellt und dann mit dem Vorstand diskutiert.

»Was denn? Wir sollen teuer sein?«, sagte ein Vorstandsmitglied.

Der Consultant nickte.

»Das ist unmöglich!«

»Wir haben an 27 repräsentativen Standorten ...«

»Da geht es nicht mit rechten Dingen zu! Sie müssen sich irren.«

»Wir von BCMF Samuelson Consulting sind seit über zwei Jahrzehnten ...«

»Und jetzt sind Sie gefeuert.«

Eine zweite, deutliche spezialisiertere Unternehmensberatung wurde engagiert. Sie entdeckte in den Regalen des Einzelhandels dieselben Preisunterschiede zwischen uns und der Konkurrenz wie die Underperformer von BCMF.

Auf der anschließenden Suche nach einer natürlichen

Erklärung für dieses auf den ersten Blick paranormale Phänomen äußerte ein Manager aus der Produktion die folgende Idee: »Vielleicht sind wir zu teuer, weil wir zu hohe Overhead-Kosten haben.«

Am nächsten Tag fragte ich mich zu seinem Büro durch. Ich wollte mich mit ihm eingehender über seine Overhead-Theorie unterhalten. »Er musste bis gestern tief in die Nacht unter Aufsicht seinen Schreibtisch räumen«, sagte die Sekretärin.

»Warum?«

»Wegen seiner zutiefst negativen Einstellung.«

Ach so, fristlose Kündigung »Aus wichtigem Grund«.

Ein typischer Fall für »Sonstiges«, dachte wohl auch Strategievorstand Dr. Dr. Hermann. »Achimowitz«, sagte er am Telefon, »finden Sie heraus, warum unser Overhead zu hoch ist.«

»Mit Zahlen oder – auf meine Weise?«

»Das Ergebnis zählt«, sagte der Doppeldoktor, »wir verstehen uns doch?«

Ich würde mir Zahlen also nachträglich ausdenken.

Ich lief, mit einem kleinen Aktenkoffer perfekt getarnt, durch die Etagenflure und blieb im Viertelstundentakt vor irgendwelchen Büros stehen, so dass ich wie ein wartender Besucher wirkte. Ich stellte mich mittags zwei Stunden lang immer wieder an der Schlange der Kantinenkasse an, um zu erfahren, was im Konzern geredet wurde.

Ich legte ein bequemes Kissen auf den Klodeckel, um ohne Ermüdungserscheinungen ein paar Stunden vertrauliche Gespräche belauschen zu können. Dann hatte ich meinen Glückstreffer: Zwei Ingenieure mussten sich nach einigen Litern Meeting-Kaffee erleichtern.

»Wenn nur diese fürchterliche Verwaltung nicht wäre!«, sagte der eine. »Alles muss doppelt gemacht und abgestimmt werden.«

»*Ganz* ohne Verwaltung geht es nicht«, meinte der andere.

»Ich weiß nicht. Die machen uns letztlich mehr Arbeit, als sie uns abnehmen. Wir könnten das leicht nebenbei übernehmen.«

»Das stimmt allerdings. Wäre die halbe Arbeit.«

Als sich Dr. Dr. Hermann telefonisch nach meinen Fortschritten erkundigte, hatte ich die Erkenntnisse aus dem Sanitärbereich schon in sympathische Zahlen umgerechnet.

»50% Einsparung?«, sagte Dr. Dr. Hermann.

»48,7«, korrigierte ich, um meinen Zahlen 241% mehr Glaubwürdigkeit zu verleihen.

»Fantastisch! Und diese behördenmäßigen Verwaltungsstrukturen haben mich schon immer gestört. Wir schmeißen den gesamten Wasserkopf raus. Was sagten Sie, das wären dann 4000 Leute weniger?«

Ich wies ihn darauf hin, dass in der Folge rund die Hälfte aller Führungskräfte ohne Job wäre.

»Ich auch?«

»Nein.«

»Na dann!«

»Einflussreiche Kreise werden mauern.«

»Wir müssen das durch die kalte Küche einführen, Achimowitz. Machen wir erstmal ein Pilotprojekt, das nicht schief gehen kann. Danach legen wir den ganz großen Hebel um ...«

Das Management wählte eine Abteilung im Bereich Product Development, die durch ihre vielen Experten und Ingenieure zu den erfolgreichsten des Konzerns zählte. Wer auch nur entfernt in den Verdacht geriet, zum Overhead zu zählen, wurde freigesetzt. Nur die produktiven Fachleute sollten bleiben.

Könner, Genies und Universalgenies würden sich selbst verwalten, gespeist aus jener mysteriösen, jeder Zelle innewohnenden und für jegliche Form von Leben verantwortlichen Urkraft der Selbstorganisation. Sie würden die Keimzelle eines völlig neuartigen Konzerns bilden.

Ihr Erfolg würde mir Heerscharen von Senior Consultants aus aller Welt ins Büro spülen, die alle mit mir fotografiert werden wollten, um ein erfolgreiches Leben lang dieses Bild ganz unaufdringlich, aber großformatig und signiert, jedem in den Weg zu hängen, der sie liebt oder hasst oder engagieren soll. Um an der Wertschöpfung teilzunehmen, würde ich einen Fotografen bewilligt bekommen.

»AWESOMP!«, sagte ich zu meinem Plüschfrosch, der neben dem Monitor saß und mein einziger Gesprächspartner bei dieser hoch geheimen Mission sein durfte. »Kurz für ›Achimowitz Expert Self Organisational Management Principle‹.« Wie das klang! Und selbst in der deutschen Übersetzung könnte die Abkürzung unverändert bestehen!

AWESOMP – das hieß auch, ich würde Bücher schreiben, rund um den Globus Vorträge halten, persönlicher Berater der Giganten werden, Gastprofessuren annehmen! Ich notierte in meinem Terminplaner: »C&A, neuer Anzug.«

Kaum hatte ich meinen ersten Bericht in acht »Streng geheim!«-Kuverts an den Vorstand versandt, rief Dr. Dr. Hermann an. »Ihre Anti-Overhead-Umstrukturierung hat so was Erfrischendes, Achimowitz! Nicht immer dieses langweilige Gesundgeschrumpfe oder das fade Rumoptimieren an dreifach optimierten Workflows! Ich hasse diese Reorganisations-Exzesse, mit denen sich unsere Manager die Zeit vertreiben, anstatt – wie früher – ihr Büro zuzuschließen, nicht zu sprechen zu sein, zu besonders kniffligen Fragen des FAZ-Kreuzworträtsel mit befreundeten Top-Managern zu telefonieren und dann Geschichten aus der gemeinsamen Studienzeit aufzuwärmen, mit der Sekretärin ein Verhältnis zu haben oder ein gepflegtes Nickerchen einzulegen.«

»Ja, also, das mit den Sekretärinnen ...« Glücklicherweise bekam Dr. Dr. Hermann einen wichtigen Anruf aus Shanghai. So blieb mir erspart, ihm zu beichten, dass AWESOMP den Frauenanteil im Konzern dem aktuellen Frauenanteil im Vorstand annähern würde. Wer braucht schon Sekretärinnen?

Sechs Wochen später wollte sich Dr. Dr. Hermann samt zwei Vorstandskollegen einen ersten Eindruck von den Erfolgen von AWESOMP verschaffen. Ich begleitete ihn in die Pilot-Abteilung.

»Woran arbeiten Sie gerade?«, fragte er einen der jüngeren Ingenieure.

»Seit einer Stunde formuliere ich eine komplizierte Reklamation.«

»Ja, ja, wenn man komplizierte Geräte bestellt, sind auch die Beschwerden nicht leicht. Da muss der Experte ran«, sagte Dr. Dr. Hermann.

»Auf den ersten Blick sind Kugelschreiber gar nicht so kompliziert, aber...«

»Sie beschweren sich über – Kugelschreiber?«

»Ein modernes Unternehmen kann auf den komplexen globalen Märkten nur bestehen, wenn es vernünftige Kugelschreiber benutzt! Diese – Entschuldigung – Scheißdinger gehen erstens dauernd verloren...«

»Das ist doch nicht die Schuld der Kugelschreiber.«

»Das sehen wir hier differenzierter. Man könnte Kugelschreiber ja auch so bauen, dass...«

»Vor allem schreiben sie nicht vernünftig«, fiel ihm ein Ingenieurskollege ins Wort, dessen Haar noch fettiger war.

»Wieso brauchen Sie eine geschlagene Stunde für eine Reklamation, anstatt die Dinger einfach zurückzuschicken?«

»Ich habe mit Auto-CAD eine kleine Zeichnung angefertigt und bei der Dehn-Zug-Scher-Simulation eine Reihe weiterer möglicher Schwachstellen im Kuli-Design entdeckt, auf die ich die Chinesen bei der Gelegenheit gleich hinweisen werde. Wie Sie im Geschäftsbericht so treffend schreiben: ›Total Quality entsteht nur durch die globale und partnerschaftliche Zusammenarbeit von Lieferanten und Kunden.‹«

»Welche Chinesen?«

»Hier am Clip ist eingeprägt ›Made in China‹. Wo genau, das finde ich schon noch raus. Wozu habe ich 16 Semester studiert?«

Die Vorstands-Delegation zog weiter ins nächste Büro. Der Ingenieur hinter dem Schreibtisch lud uns mit einer Geste ein Platz zu nehmen. Er telefonierte gerade.

»Mir ist egal, wer Sie sind. – Und wenn Sie mit dem Vorstandsvorsitzenden verheiratet wären! Wir ordnen die Belege hier nach *logischen* Kriterien.«

Er verdrehte die Augen.

»Ja, genau, ich sagte: *Logik*! – Wissen Sie, was Logik ist? – Wissen Sie denn, was ein Lexikon ist?«

Er hielt den Hörer etwas vom Kopf weg, und ich konnte hören, dass die Dame auf der Gegenseite jetzt schrie.

Er deckte die Sprechmuschel mit der Hand ab und flüsterte uns zu: »Jetzt wird sie weich.« Er schaute auf seine Armbanduhr. »Länger als 40 Minuten hält keiner von diesen Verwaltungstypen durch.«

Er wandte sich wieder seinem Telefonat zu.

»Aha – aha – aha – ... *das* sind Sie also gewohnt. – So, aha – naja. *Ihr* System – verstehe – ach so, *unternehmensweit einheitlich* – wirklich? – schon immer?«

Während er sich die Tirade der anderen Seite anhörte, kritzelte er die letzten freien Quadratzentimeter seiner Schreibunterlage mit einem Kugelschreiber voll.

»Selbstverständlich hätte ich nichts dagegen, wenn das gesamte Unternehmen künftig nach meinem System arbeiten würde.«

Er schüttelte verständnislos den Kopf.

»Ach ja? *Ironie* war das gerade? Wirklich? – Ironie? – *Mich* brauchen Sie nicht zu belehren. Ich weiß sehr wohl, was Ironie ist. Ich bin Ingenieur!«

Jetzt schien er wirklich ärgerlich zu werden.

»Wenn Sie mein *logisches* System nicht verstehen, dann kommen Sie her und lassen es sich erklären. Wir haben hier nichts gegen einfach gestrickte Menschen. Aber kommen Sie nach 21 Uhr. Wir *arbeiten* hier nämlich, damit irgendwo das Geld für die unzähligen unsinnigen Planstellen in der Verwaltung verdient wird.«

Er hörte eine längere Zeit zu.

»Wollen Sie mich erpressen!? – *Und ob* Sie mir unsere Reisekosten erstatten werden!«

Jetzt ging es ans Eingemachte.

»Wenn ich von meinem privaten Geld der Firma ... – lassen Sie mich ausreden ...«

Plötzlich wurde er dunkelrot im Gesicht.

»Ich habe von *meinem* Geld ... – Bin ich ein Idiot? – Wenn Sie wollen, dass man Ihre Formulare richtig ausfüllt, dann schicken Sie uns doch einfach vernünftige, logische und verständliche Formulare.«

Sein Gesicht wurde jetzt weiß.

»Dann wenden Sie sich doch an den Einfaltspinsel, der Ihre albernen Formulare formuliert hat! – Dann finden Sie ihn!«

Er knallte den Hörer auf und sagte: »Formulare! Wir haben hier Neutronen beschleunigt und deren Zersetzung auf 0,00000027 sigma-ppw genau vorhergesagt. Wir erfinden Dinge, die vorher niemand gebraucht hat. Wir lösen Probleme, die bisher noch niemand hatte!«

Erregt lockerte er sich die Krawatte, deren Knoten sich nach den vielen vorangegangenen Lockerungen nicht mehr bewegen ließ.

»Von unseren Ideen lebt das gesamte Unternehmen. Es kann doch nicht angehen, dass hier qualifizierte Spitzenkräfte von solchen Banalitäten ausgebremst werden!«

Er wandte sich an Dr. Dr. Hermann, dem es die Sprache verschlagen hatte: »Bis zu der visionären Entscheidung des Vorstands, überflüssige Verwaltungspositionen zu streichen, hatten wir ja keine Vorstellung, was hinter den Kulissen gespielt wird. Ein einziges Chaos! Aber Sie können sich drauf verlassen: Wir werden Ihre Ziele erreichen und Verwaltungsabläufe so lange optimieren, bis wir völlig ohne Verwaltung auskommen.«

Dr. Dr. Hermann schaute verdutzt. »Und dann?«

»Dann sollten wir uns den Vertrieb vornehmen. Ich habe den Verdacht, da wird viel Geld an Leute verschwendet, die immer nur ihre Verkäufe im Auge haben.«

# Der Zahlenfriseur

*Wir haben hervorragend gearbeitet, aber die Größe der kritischen Masse als Voraussetzung für die angestrebte Marktdurchdringung hat sich außerhalb unserer Einflussmöglichkeiten drastisch, aber doch ganz im Stillen verändert.*

Aus: Achimowitz, ›Ratgeber Versagen. Wie korrigiere ich den Eindruck, dass ich etwas versiebt habe‹

Bevor ich meine Position bei »Sonstiges« bekam, hatte ich mehrere Jahre in der Abteilung für Business Value Assets zu tun, ohne jemals zu begreifen, worin unser Aufgabengebiet bestand. Kurz nach Abschluss jedes Quartals legte ich Abteilungsleiter Schrader die aktuellen Zahlen vor:
»Die Quartalszahlen sind miserabel«, sagte mein Chef.
»So miserabel, dass man eigentlich die Abteilung schließen müsste«, pflichtete ich ihm bei.
»Ich hatte doch gesagt, ich will *vernünftige* Quartalszahlen!«
»Eine Glatze kann man nicht frisieren.«
»In Ihrer Position erwarte ich eine ausgeprägte Perücken-Kompetenz, Herr Achimowitz.«
»Wir haben zwei Wochenenden durchgearbeitet. Aber trotzdem hatten wir nicht genug Zeit, um glaubwürdige Zahlen zu erfinden.«
»Dann setzen Sie eben unglaubwürdige ein. Denken Sie sich was aus, das gut genug aussieht.«
»Leider haben wir 83 000 Euro Defizit erwirtschaftet.«
»Machen Sie einen kleinen Überschuss draus.«
»Wie soll das gehen?«
»Wie haben wir es letztes Jahr gemacht?«
»Daran möchte ich gar nicht denken ...« Die erlogenen Zahlen hatten mich elf Wochen lang im Schlaf verfolgt. Die meisten meiner Alpträume kreisten um zufällige Entdeckung und Strafen aus dem Fundus der Heiligen Inquisition. In der zwölften Woche hatte ich mich beruhigt, dann stand schon der nächste Quartalsbericht an.

»Machen Sie das Übliche, irgendwas mit Anlaufverlusten, Investitionsphase als Reaktion auf Strukturwandel in den Zielgruppen etc. Denken Sie sich eine Gewinnerwartung für übernächstes Jahr aus, die unseren Verlust viermal auffängt. Reiten Sie auf der Nachhaltigkeit herum, zaubern Sie 147 603,41 Euro indirekte Rückflüsse aus Synergieeffekten aus dem Hut. Und alles saisonbereinigt, konjunkturbereinigt, währungsschwankungsbereinigt – Hauptsache verlustbereinigt.«

»Diese Zahlen werden niemals eintreten.«

»Mit absoluter Sicherheit ausschließen kann man den Erfolg nie.«

Es hatte keinen Sinn, über dieses Thema mit ihm zu diskutieren, denn Schrader hatte einen Bekannten, der 1,8 Millionen im Lotto gewonnen hatte.

»Wissen Sie, Achimowitz, ein Bekannter von mir...«

»Aber was schreiben wir dann in den *nächsten* Quartalsbericht?«

»Das fragen Sie mich bei jedem Quartalsbericht«, sagte er, griff in eine Schublade seines Schreibtischs und zog eine kleine A4-Mappe hervor. »Kreativ, flexibel, Querdenker«, las er vor. »Erkennen Sie die Unterschrift?« Viermal im Jahr hielt er mir mein Bewerbungsschreiben unter die Nase.

Bei der Präsentation des Quartalsergebnisses einige Tage später trug Schrader einen von mir verfassten Text zur Erklärung der Zahlen vor:

»Lassen Sie mich kurz zusammenfassen: Endlich geht der Markt durch eine hilfreiche Phase der Neuorientierung. Die Eintrübung der Branchenlage hat sich in diesem Quartal fortgesetzt. Die längst überfällige und gesunde Korrektur legt somit die Basis für die anstehende Konsolidierung in allen ergebnisrelevanten Bereichen.«

»Was bedeutet das konkret?«

»Die positiven Ergebniseffekte aus den Synergien werden nicht mehr in diesem Quartal faktisch sichtbar, ohne jedoch bilanzmäßig repräsentiert zu sein. Das ist doch traumhaft, oder?«

»Für uns zählen Zahlen.«

»Eben! Dabei handelt es sich um eine passagere Verlagerung der Rückstellungsoptionen aufgrund der Generierung nachhaltiger Ertragshorizonte. Wenn das keine Zahlen sind!«

»Und diese dunkelblaue Kurve hier?«

»Unsere Erfolge haben wir nicht zuletzt einem gelungenen Shift von der Revenue-Orientierung hin zu einer konsequenten Implementierung des Profitability-Approach zu verdanken. Dieser Aufgabe haben wir unser unumschränktes Commitment gewidmet.«

»Was würden Sie also als Ihr wichtigstes Achievement bezeichnen?«

»Eine deutliche Aufwärtsentwicklung zeigte erfreulicherweise auch das negative Auftragsvolumen.«

Die anwesenden Abteilungsleiter, Hauptabteilungsleiter und Geschäftsführer nickten wohlwollend.

»Fazit: Gemessen an den vorgegebenen Rahmenbedingungen haben wir im dritten Jahr in Folge ein hervorragendes Ergebnis realisiert. Seit meinem Eintritt in diese nicht gerade unproblematische Position vor über zwei Jahren lässt sich ein deutlicher Positivtrend darstellen.«

Ein Vorstandsassistent, makellos gekleidet und von der Sorte, die täglich zum Friseur geht, ergriff das Wort. »Trotz allem bleibt bei mir nach Lektüre des Zahlenwerks irgendwie der Eindruck zurück, Sie hätten Verlust gemacht.«

Weil bei jeder Quartalskonferenz irgendein Vorstandsassistent einen solchen Satz sagte, hatte ich mit Schrader die passende Entgegnung eingeübt: »Einerseits Spitzenergebnisse realisieren, diese aber andererseits so darstellen, dass kein Cent Steuern abgeführt werden muss. Diese Kunst hat unser Haus zu dem gemacht, was es heute ist! Ein international aufgestellter Mischkonzern, dessen Stärke im Bereich ›Sonstiges‹ liegt.«

# Ich kündige

»Woran arbeiten Sie gerade?«
»An meiner Kündigung.«
»Jetzt endlich kommen also die brillanten Ideen, die kreativen Anstöße, die Sie uns bisher immer nur versprochen haben!«

# Wie man ein Teamplayer wird

> **Falsch:** *Wir bringen jetzt jedem neuen Praktikanten gleich am ersten Tag bei, wie er die Kunden mit drei oder vier auswendig gelernten Lügen abwimmeln kann.*
> **Richtig:** *Durch eine nachhaltige Kompetenz-Initiative auf Seiten unserer Abteilung sind wir auf gutem Weg, dem Kunden auf breitester Basis noch mehr Expertise anbieten zu können.*
>
> Aus: Achimowitz, ›Ratgeber Business-Jargon. Wie sage ich es richtig‹

»Wie jedes Jahr muss ich eine Beurteilung für Ihre Personalakte erarbeiten«, sagte mein Chef Falkenstein. »Als Basis dient mir das von Ihnen gefertigte Konzept zur Diversifizierung der Vertriebskanäle.«

Ich war gespannt, wie ihm mein Entwurf gefallen hatte.

»Wie Sie wissen, habe ich schon ein halbes Dutzend Konzepte zu diesem Thema lesen müssen.«

Jeder im Team hatte dieselbe Aufgabe gestellt bekommen.

»Ihre Damen und Herren Kollegen haben die gesamte Bandbreite dessen präsentiert, zu dem unser Team imstande ist: mittlerer Blödsinn, Schwachsinn und Unsinn. Kurz: Eine beachtliche Verbesserung zum Vorjahr.«

Ich freute mich, dass er die positiven Entwicklungen so offen ansprach.

»Nur Ihr Beitrag hob sich von den anderen ab.«

Das hörte ich gar nicht gern, denn so fing er immer an, wenn er etwas komplett niedermachen wollte.

»Ihr Konzept war klug durchdacht, sorgfältig mit Zahlen untermauert und überzeugend ausformuliert«, sagte er und sah mich mit einem undurchschaubaren Lächeln an.

Ich sagte nichts – er sagte auch nichts. Ich wartete auf den vernichtenden Nachsatz. Aber er kam nicht.

»Äh, danke«, stotterte ich, »aber, nun ja, äh, man tut, was man kann.«

Falkenstein nickte wohlwollend.

»Sie haben Ihre Kollegen wie Idioten dastehen lassen.«

Schlagartig tauschte er sein Lächeln gegen Zornesfalten aus. »Und warum? Nur weil Ihre Kollegen Idioten sind! Wussten Sie das etwa nicht?«

»Nun ja, geahnt habe ich schon etwas...«

»Geahnt!«, sagte er verächtlich. »Geahnt. Und was soll dann dieses erstklassige Hammerkonzept, das Sie mir auf den Tisch geknallt haben?«

Ich beteuerte, dass es sich bei der hohen Qualität meiner Arbeit nur um ein Versehen handelte.

»Können Sie sich vorstellen, welche Konsequenzen das haben wird!?«, fragte Falkenstein.

»Ich hoffe, die positive Wirkung meines guten Beispiels könnte...«

Falkenstein schnappte nach Luft. »Ihre Kollegen werden beleidigt sein und dann in Depressionen verfallen. Das Management-Informations-System wird ihre Unfähigkeit automatisch aus dem Teamdurchschnitt errechnen, den *Sie* versaut haben. Die Software wird jeden einzelnen Kollegen auf die Abschussliste setzen – *jeden*! Nur Sie bekommen plötzlich den Nach-oben-Pfeil in die Kaderakte und Breuer oder irgendein anderer aus dem höheren Management wird Sie aus meinem Team herausnehmen und in eine wichtige Abteilung versetzen. Ihre Kollegen werden in Abteilungen untergebracht, wo ihre Dummheit das Ergebnis nicht beeinflusst. Und wie Sie wissen, besteht der Konzern zu 92 % aus solchen Abteilungen!«

»Nichts wird so heiß gegessen...«, sagte ich, doch Falkenstein hatte sich in einen Zustand hineingesteigert, den man nur mit etwas hätte ändern können, das mir nicht zur Verfügung stand: einem Eimer mit kaltem Wasser.

»Meine Abteilung«, sagte er hysterisch, »wird aufgelöst werden! Ich bin meinen Job los und das mit 53! Meine Frau wird mich verlassen. Ich schaffe die Hypothek nicht mehr. Ich muss arbeiten. Alles ist aus und vorbei!«

Seine Augen füllten sich mit Tränen. Ich konnte es nicht glauben!

»Vielleicht sollte ich mein Konzept noch mal überdenken«, sagte ich – und bereute es im selben Moment. Warum blieb ich nicht hart? Warum nutzte ich nicht meine Chance, mich entdecken zu lassen? Mir wurde klar, dass ich noch nicht ganz bereit war für den Aufstieg. Ich musste was gegen mein Mitleid unternehmen. Irgendwas Systematisches.

»Das würden Sie für mich tun?«, Falkenstein hob den Kopf, den er in den Ärmeln seines grauen Anzuges vergraben hatte.

»Naja, es ist ja keine *so* große Sache, wenn ich ...«

Er schloss mich in die Arme. »Bitte, bitte tun Sie das.«

»Na schön, aber ich weiß nicht genau, wie ich ...«

»Wenn Ihnen nichts Schwachsinniges einfällt, hätte ich da noch ein paar Entwürfe von Ihrem Vorgänger.« Falkensteins Laune besserte sich. »Genau das Richtige. Deswegen wurde er vor zwei Jahren gefeuert.«

»Okay«, sagte ich, während ich mich seiner Umklammerung entwand.

»Versprochen?«

»Wenn es einer höheren Sache dient, liefere ich soliden Schwachsinn. Ehrenwort.«

»Sie sind ein echter Team-Player, Achimowitz.«

Er geleitete mich zur Tür. »Und noch was, Achimowitz«, sagte er im Verschwörerton, »dieses Gespräch hat niemals stattgefunden.«

»Welches Gespräch?«, gab ich doppelt so verschwörerisch zurück, und als er mir die Hand gab, fühlte ich, wie mir ein gefaltetes Blatt Papier zwischen die Finger gedrückt wurde, das sich in der Privatheit des Flurs als 20-Euro-Note entpuppte.

Wenig später in der Kantine traf ich meine alten Freund Wallmeyer und erzählte ihm, dass ich gerade von einem Gespräch über meine Zukunft kam.

»Zukunft? So was gibt es noch?« Er lachte trocken. »Wie ist es gelaufen?«

»Wenn ich das Team retten will, dann muss ich so tun, als wäre ich ungefähr genauso dämlich wie meine Kollegen.«

»Das schaffen nur die Besten.«

## »Wo soll's hingehen, Achimowitz?«

Bevor ich das Glück hatte, meine Position bei »Sonstiges« zu bekommen, war ich im administrativen Bereich eines Versicherungskonzerns tätig. Gelegentlich, wenn man sich auf dem Bürostuhl vom Schreibtisch wegrollte, stieß man rückwärts mit meinem damaligen Chef Kurz zusammen, denn er liebte es, sich anzuschleichen, lautlos hinter einem zu stehen und einem wer weiß wie lange über die Schulter zu sehen. »Interessant«, sagte er nach solchen Kollisionen immer, während man selbst noch unschlüssig war, ob es sich beim eigenen Herzrasen mit Schweißausbruch um einen klinisch irrelevanten Schreck handelte oder einen Fall für den Notarzt.

»Interessant«! Was für ein Wort! Was sollte das heißen? War ich gut? Oder stand ich auf der Abschussliste? »Sie sind doch intelligent. Sie werden schon selbst wissen, wo Sie stehen.«

Ich stellte mir zwei kleine Rasierspiegel auf den Schreibtisch, um mein Büro künftig besser überblicken zu können.

Kurz redete nicht viel mit seinen Leuten. Er gab seine Anweisungen schriftlich oder über einen Assistenten.

Als Kurz mich einmal in sein Büro bestellen ließ, nahm ich die Einladung mit sehr gemischten Gefühlen auf.

»Warum soll ich kommen?«, fragte ich die Sekretärin.

»Wegen eines Gesprächs«, sagte sie und ich überlegte, wann ich das letzte Mal aus einem anderen Grund in irgendein Büro gebeten worden war.

Kurz begrüßte mich freundlich und jovial. »Ich möchte mit Ihnen reden«, sagte er, »und zwar über Ihre berufliche Zukunft.«

Eine Kündigung konnte es nicht sein, denn die verschickte er grundsätzlich, wenn man im Urlaub war.

»Einsatzfreude, Belastbarkeit, Kompetenz, Team-Leader-Qualities, Identifikation mit dem Unternehmen – nach meinen Unterlagen sind Sie ein sehr guter Mann, Achimowitz.«

Ich atmete auf. »Danke, Herr Kurz. Ich tue nur meine Pflicht, und wenn es auch manche Tage gibt...«

Er unterbrach mich. »Welche Pläne haben Sie eigentlich für Ihre berufliche Zukunft?«

Meine Lieblingsfrage! Mein Puls beschleunigte sich merklich. Ich hatte inzwischen geübt, die Antwort kürzer als 30 Minuten zu halten, und sagte: »Ich will durch Leistung überzeugen und in anspruchsvollere Positionen voller spannender Herausforderungen hineinwachsen.«

Das saß! Ich war gespannt, welche neue Aufgabe man mir anbieten wollte.

»Verstehe«, sagte Kurz langsam. Schweigend ging er zum Fenster und zurück. »Sie wollen also meinen Job!«

»Ah, also, äh – ich, ich, äh ...« Diese Situation kam in meinen Büchern nicht vor. Mit Hochdruck kramte ich in meinem Repertoire eleganter Standardantworten mit positivem Impetus – erfolglos.

»Natürlich nicht«, sagte ich an der Grenze zum Stammeln. »Ich, äh ...«

Er kam auf mich zu, blieb wenige Zentimeter vor mir stehen und sah mich mit seinem stechenden Leguanblick an. »Mein Job ist Ihnen also nicht gut genug!?«

Wann hatte ich mich das letzte Mal so elend gefühlt? Ich ging die Erinnerung an meine letzten Zahnarzttermine durch. Fast vergaß ich zu antworten. »Ihr Job ist fantastisch«, sagte ich, »aber Sie sind so gut darin, dass Sie ihn für immer behalten sollten.«

Ich war stolz, in dieser extremen Stresssituation eine Antwort fabriziert zu haben, deren Unangreifbarkeit eines Karrierediplomaten würdig gewesen wäre.

»Sie meinen also, ich sei für jede Art von Aufstieg ungeeignet.«

Irgendwas an meinen Antworten war noch verbesserungswürdig.

»Nein, Herr Kurz, so meine ich das nicht!«

»Nein?« Wieder ging er unruhig in seinem Büro auf und ab, die Hände hinter dem Rücken verschränkt. »Ach so, *jetzt* verstehe ich: Sie sind besessen von der Idee, gleich im ersten Schritt mein Chef zu werden. Sie wollen mich nach Lust und Laune rumkommandieren, sich für irgendwas rächen, das Sie in Ihrem grenzenlosen Verfolgungswahn meinen, durch mich erlitten zu haben.«

»Wie? Wer? Ich? Auf solche Ideen würde ich nie kommen.« Wenn auch – zugegeben – seine eben vorgetragene Idee der Rache mit jeder Minute mehr Charme entwickelte.

»Warum stammeln Sie, wenn Sie doch angeblich nichts zu verbergen haben?«

Ich zog es vor zu schweigen.

Nach einer weiteren Runde durch sein Büro sagte Kurz: »Dann bleibt nur noch eine letzte Erklärung übrig: Wenn Sie also ambitioniert sind, aber weder meinen Job begehren noch mein Chef werden wollen, dann wollen Sie also in eine andere Firma wechseln.«

»Äh, nein, keineswegs«, sagte ich, »unser Haus bietet eine Vielzahl von spannenden Herausforderungen, und ich ...«

»Sich hier auf unsere Kosten das wertvolle Know-how des Experten und Managers aneignen und dann mit einem Sack voller Betriebsgeheimnisse zur Konkurrenz überlaufen!«

Kurz stand am Fenster. Ich fühlte mich wie der Gummibaum, in dessen letztes intaktes Blatt Kurz mit dem Daumennagel geometrische Verzierungen ritzte.

»Sie bilden sich ein, ich hätte das noch nicht gemerkt!? Ich habe Sie im Auge, seit Sie hier angefangen haben, junger Mann. Ich habe ein Gespür für Typen wie Sie. Und eins kann ich Ihnen versprechen: In den vergangenen 20 Jahren bin ich noch mit jedem Ihrer Sorte fertig geworden.«

Als ich völlig geschafft und durchgeschwitzt über den Flur zu meinem Büro ging, fielen mir die Antworten ein, die ich hätte geben sollen. »Sie sind erstklassig in dem, was Sie augenblicklich tun, und hervorragend geeignet für jede Art von Aufstieg, Herr Kurz, und ich wünsche Ihnen von Herzen, dass Sie immer genau die Position bekleiden, die Sie sich gerade erträumen. Wenn Sie weggehen würden, wäre die Lücke schwer zu füllen, wenn überhaupt. Aber auch das gehört zum Leben. Wenn Sie blieben, würde ich mich sehr freuen. Weil die Arbeit unter Ihnen so befriedigend ist, würde ich Sie und Ihre Abteilung nicht verlassen, um irgendwo anders Karriere zu machen, egal, wie gut das Angebot wäre, es sei denn, Sie würden mich dazu ermutigen, ja eigentlich auffordern, was ich aber nicht von Ihnen erwarten oder gar verlangen würde, denn Sie wissen ja am besten, was gut für Ihre Leute ist – und das wissen wir. Oder, um das alles kurz in einem Wort zusammenzufassen: Danke.«

Kurz versetzte mich in einen anderen Büroraum. Ich bekam einen sehr schönen Chef-Schreibtisch mit dem passenden Chef-Stuhl, auf dem vorher ein Middle-Manager gesessen hatte, bis er sich im Rahmen einer Umstrukturierung eine Kugel durch den Kopf gejagt hatte. Einige Flecken war nicht rausgegangen.

Mein Büro war fensterlos, wie eigentlich alle Räume im Keller, und mit einer nackten Leuchtstoffröhre illuminiert. Es verfügte über keinen Heizkörper, denn die direkte Nähe zur Zentralheizungsanlage sorgte für gemütliche 36° Raumtemperatur.

»Welche Aufgaben haben Sie für mich?«, fragte ich bei Kurz nach.

»Sie werden demnächst einige äußerst anspruchsvolle und komplexe Aufgaben bekommen. Ich habe Großes mit Ihnen vor.«

Ich war froh, dass er sich wieder beruhigt hatte.

»Fangen Sie bis dahin nichts anderes an, Achimowitz. Lassen Sie sich nicht in irgendwelche Projektgruppen einspannen. Warten Sie auf meine telefonischen Anweisungen.«

Nach zwei Wochen fiel mir auf, dass mein Büro kein Telefon hatte. Ich untersuchte es genauer und fand heraus, dass es auch über keinen Computer verfügte.

Eines Tages ging die Tür auf und ein Mann in tadellosem Anzug stand im Raum. Er trug eine Halbbrille mit Goldrand und wirkte, als sei er im Alter von 48 als Manager geboren worden. Nur seine Gel-Frisur verriet, daß er 24 war. Er stellte sich vor.

»Ich bin Gero von Bechtersheim-Zuckerkandel. Ich bin Teilnehmer des High-Potential-Programms. Ich habe mit 17 mein Einserabitur gemacht. Ich habe mit 23 mein Einserdiplom gemacht. Ich bin hier für das Controlling-Projekt eingeteilt. Ich betreue auch Sie. Ich freue mich auf die Zusammenarbeit.«

Ich sah ihn mir genauer an, konnte aber kein Typenschild finden. Vielleicht war er doch kein Roboter.

Er notierte etwas in dem Formular, das er in sein Klemmbrett eingespannt hatte. Dann deutete er auf die Papiere vor mir auf dem Schreibtisch und fragte: »Was machen Sie da Interessantes?«

»Ich habe hier im Augenblick keine konkreten Aufgaben und daher skizziere ich verschiedene Vorschläge und Ideen für Total Quality in der Customer Care.«

»Wer hat Ihnen den Auftrag dazu erteilt.«

»Niemand.«

»Darf ich mal sehen.«

Er schaute sich die Entwürfe flüchtig an, machte ein paar weitere Eintragungen in seinem Formular und zog vier blaue Briefumschläge aus einer Tasche an seinem Klemmbrett. Alle waren an mich adressiert. Er gab mir den mit der Aufschrift »C« und zerriss die anderen. Die Schnipsel steckte er in die Tasche seines Sakkos.

»Wenn Sie mir den Empfang bitte quittieren würden.«

Das Kuvert enthielt eine Abmahnung von Kurz. »Da Sie sich während Ihrer Arbeitszeit entgegen unserer ausdrücklichen Weisung mit sachfremden Aktivitäten beschäftigen, sehen wir uns veranlasst ...«

»Das ging aber schnell«, sagte ich.

»Ja, der Herr Dr. Kurz hat einige sehr interessante Milestones im Bereich der Personalentwicklung angestoßen. Dabei setzt der Herr Dr. Kurz die Function Point Methode ein.«

»Dann braucht er aber reichlich OOA/OOD für die GUI-Standardisierung!«

»Reichlich? Das ist *weit* untertrieben! Sie müssten mal sehen, wie der Herr Dr. Kurz das Entity-Relationship-Modell aufsetzt!«

»Nein!«, rief ich. »Etwa Buttom-up!?«

Der Roboter nickte nur. Seine Wangen glühten. Wenn nicht gleich ein zusätzlicher Lüfter anspränge, müsste er selbsttätig abschalten, um Totalverlust zu vermeiden.

»Mit Äquivalenzklassentest?«

»Natürlich, sogar mit State Transition Diagram und Pseudocode! Sonst wäre ja die ganze Fuzzy Logic verschenkt!«

»Das grenzt ja an Reverse-Engineering!«, rief ich erregt aus.

Der Roboter verweilte im Nick-Modus, während mir innerhalb der nächsten Minuten des gemeinsamen Schweigens die Konsequenzen von Kurz' Wirken bewusst wurden: »Wenn sich dieser Ansatz herumspricht – wird die gesamte Weltwirtschaft – von einem Quartal aufs andere – total ...« Meine Stimme versagte angesichts der gigantischen Dimensionen, die sich hier auftaten. »Wahnsinn«, presste ich mit letzter Kraft hervor.

»Wenn der Herr Dr. Kurz das hört, wird er sich bestimmt freuen. Schönen Tag noch, Herr Achimowitz, und vielen Dank für die produktive Zusammenarbeit.«

»Ich – man – Sie – Kurz«, sagte ich, aber da war der Roboter längst draußen. Ich überprüfte den Fußboden auf Ölspuren.

In der nächsten Zeit wartete ich auf weitere Anweisungen und verzichtete auf jeden Hauch von Schriftlichkeit. Heimlich arbeitete ich an meinem Hammer-Konzept zum Qualitätsmanagement. Ich formulierte es in Reimform, um es mir besser merken zu können. Als es vier Seiten Umfang überschritt, sah ich die einzige Möglichkeit zum produktiven Weiterarbeiten in der Vertonung des gereimten Konzepts. Ich schmuggelte eine Blockflöte ins Büro.

Nach vier Wochen wandte ich mich an Kurz.

»Ich habe hier seit zwei Monaten nichts zu tun. Irgendwas muss ich doch machen!«

Am nächsten Tag wurden mir mehrere Aktenwagen voller Leitz-Ordner vor die Tür geschoben. Einem Post-it entnahm ich: »Bitte zählen Sie die Seiten jedes Ordners.«

Die Arbeit war relativ einfach und machte mir Spaß, weil sie sich so abwechslungsreich ausgestalten ließ: Mal zählte ich von hinten, mal mit geschlossenen Augen, mal schätzte ich die Seitenzahl und zählte dann im Countdown-Stil. Ich zählte Seiten einzeln, zwei-seiten-weise und als Fünferblock.

Nachdem ich diese Aufgabe sechs Wochen lang erledigt hatte, erhielt ich ein Schreiben von Kurz, in dem er sich für meine hervorragenden Leistungen im Seitenzählen bedankte und ankündigte, mich umgehend mit noch anspruchsvolleren Aufgaben zu betrauen.

Die nächsten vier Wochen zählte ich die Buchstaben der angelieferten Ordner und zwischendurch auch mal drei Säcke mit Reis und eine Haushaltspackung grobkörniges Salz.

Nach etwas über drei Monaten trat etwas ein, das ich bei meinem Gespräch in Kurz' Büro nicht für möglich gehalten hätte: seine Prophezeiung erfüllte sich. Ich kündigte und ging zur Konkurrenz.

Das war ein schwerer Schlag für meinen einstigen Arbeitgeber, denn ich nahm – teilweise auch aus Rache – mein gesamtes Know-how mit, vor allem die von mir erarbeiteten Techniken des nassen Umblätterns, und keine sechs Monate später war der Aktienkurs meines Ex-Arbeitgebers da, wo ich gearbeitet hatte: im Keller.

# Nur Innovation kann uns retten

> **Falsch:** *Jeder Idiot, der unsere veraltete FVc 2105 benutzt, hat privat einen Fernseher. Warum produzieren wir nicht Fernseher? Wir hätten da ein paar sehr kreative Ideen bei uns in der Buchhaltungsabteilung.*
> **Richtig:** *Außerdem werden wir durch weitere Diversifizierung des Angebots zusätzliche Märkte erschließen.*
>
> Aus: Achimowitz, ›Ratgeber Business-Jargon. Wie sage ich es richtig‹

»Wir müssen die TMU 26-4 entscheidend überarbeiten«, appellierte Häusler, ein Product Manager aus der Abteilung »Intransparent Markets«, an die Teilnehmer des von ihm initiierten Meetings. »Wenn wir die verlorenen Marktanteile nicht ganz schnell zurückgewinnen ...«

Er brauchte gar nicht weiterreden, denn die vier Kandidaten, die mit ihm untergehen würden, saßen mit hängenden Köpfen neben ihm.

Jeder, der auch nur entfernt mit TMU 26-4 zu tun hatte, mußte sich auf Weisung von undefinierbar weit oben zur »freiwilligen Task-Force TMU« melden, um am Project »Quantum Jump« eine Reihe »wertvoller Impulse einzubringen«.

Sämtliche Impulsgeber saßen um den Konferenztisch und wurden aufgefordert, sich mit kreativen Ideen gegenseitig zu überbieten.

Ein mir unbekannter Brinckmann, der sich als Experte für Marketing beschrieb, erklärte uns, wie man am Markt Erfolg haben kann: »Mit einem Produkt, das eine große Zahl von Käufern so dringend haben wollen, dass sie es zu überhöhten Preisen zu kaufen bereit sind.«

Brinckmann staunte, dass diese Erkenntnis niemandem vom Stuhl riss. »Das ist das Ergebnis meine Diplomarbeit«, schob er nach, aber die Anwesenden interessierten sich weniger für die wissenschaftliche Aufarbeitung des Warme-Semmeln-Effekts als vielmehr für ihre ganz konkret belegten Brötchen.

Häusler und seine wackeren vier Ideenlosen sahen ihr Schiff sinken, denn alle Anwesenden maulten nur, das TMU sei längst nicht mehr zeitgemäß und ohne jeglichen Sexappeal – ganz im Gegensatz zum GKB 2 übrigens –, und die ohne belegte Brötchen im Handgepäck schauten den anderen beim Kauen zu und knurrten laut mit den Mägen, die so sehr geschrumpft waren, wie der Markt für TMU es seit Jahren tat.

Das war der dramatisch optimale Augenblick für mich. »Ich habe ein neues, fantastisches Feature erdacht, das unsere TMU 26-4 zu einer echten Killer-Application macht«, sagte ich.

Alle waren elektrisiert. Viele legten ihre Butterbrote zur Seite.

»Welches Feature?«, fragte der Product Manager aufgeregt.

»Operatic Perfemotive Allicutor!«, sagte ich stolz.

Im Konferenzraum war anerkennendes Raunen zu vernehmen.

»Kurz OPA«, fügte ich hinzu.

»OPA! Klingt hervorragend«, sagte Häusler, »spannend. Modern. Frisch!« Er dachte einen Moment nach und ergänzte dann strahlend: »Und vor allem sexy.«

Bei so viel positiver Reaktion werde ich immer ein bisschen verlegen. Viele finden das sehr sympathisch.

»Und was leistet dieser Operatic Perfemotive Allicutor?«, fragte Häusler.

»Morgen habe ich einen Termin mit der Werbeabteilung.«

# Unsere ergebnisorientierte Meeting-Kultur

> **Falsch:** *Wir sind mal sehr gespannt, wie diese superschlauen Angeber und Hochstapler vom Marketing durch gnadenlose Geldverschwendung zwei oder drei neue Trottel keilen wollen, die nicht begriffen haben, dass unsere Konkurrenz wesentlich billiger und besser ist als wir.*
> **Richtig:** *Gleichzeitig muss es uns gelingen, neue Initiativen und Projekte anzustoßen, um in bestehenden Märkten zusätzliche Marktanteil zu gewinnen.*
>
> Aus: Achimowitz, ›Ratgeber Business-Jargon. Wie sage ich es richtig‹

Das gesamte »Sonstiges«-Team war zu einem Meeting der Projektgruppe »Lean Quality Customizing« erschienen, an dem insgesamt zwölf Leute aus drei Abteilungen teilnahmen.

Nach drei Stunden fasste der Projektleiter Braunschmidt zusammen: »Wir haben heute sehr konstruktive Arbeit geleistet und uns damit der Lösung der anstehenden Herausforderungen einen wesentlichen Schritt genähert. Wir können stolz auf uns sein. Wir sind ein tolles Team.«

Alle sahen sich an und nickten zustimmend.

»Zum Abschluss dieses erfolgreichen Tages sollten wir darüber reden, worin unser erster konkreter Arbeitsschritt bestehen könnte«, meinte Braunschmidt.

»Wir könnten herausfinden«, schlug ich vor, »worin die Aufgabe eigentlich besteht.«

»Das ist eine sehr gute Anregung«, sagte einer, den ich noch nicht kannte.

»Ja genau, so sollten wir anfangen«, pflichtete mir ein anderer bei.

»Ich verstehe Ihre Begeisterung«, sagte Braunschmidt zu meinen Fürsprechern und wandte sich dann mir zu: »Und es ist toll, wie offen und engagiert Sie sich einbringen. Dennoch: Wir sollten uns hüten, in voreiligen Aktionismus zu verfallen.«

»Aber wäre es nicht recht nützlich, zu wissen, worin unsere Aufgabe eigentlich besteht?«, gab ich zu bedenken.

»Sie bringen es auf den Punkt. Gute Arbeit. Auf den ersten Blick ist das eine verführerische Sichtweise. Das will ich gern konzedieren. Aber...«

Nun erklärte er uns geduldig die gefährlichen Verlockungen der Offensichtlichkeit. »Wenn es geregnet hat, ist der Rasen nass. Wenn der Rasen nass ist, muss es nicht geregnet haben.«

Offen gab er zu, dass mein Vorschlag gut war – und gerade deswegen schlecht: »Nachdem man sich für etwas Gutes entschieden hat, verliert man den Blick für das Bessere. Wählen wir lieber gleich das Beste.«

Guter Spruch! Nicht vergessen! Wem könnte ich den gleich morgen auftischen? Ich sagte diesen Satz immer wieder vor mich hin, bis ich endlich Zettel und Stift aus der Jacketttasche gekramt hatte.

Dann offenbarte uns Braunschmidt den Unterschied zwischen Schach und dem Wilden Westen: »Beim Schach gewinnt niemals der, der am schnellsten zieht.«

Wir waren überzeugt. Auf die Rückseite eines ALDI-Bons kritzelte ich diese wunderschöne Wildwest-Weisheit und hoffte, zu einem späteren Zeitpunkt meine Schrift entziffern zu können.

»Was schlagen Sie als Alternative vor?«, fragte ich.

»Treffen wir uns Donnerstag nächster Woche«, meinte Braunschmidt, »bis dahin hat sich die Sache ein bisschen gesetzt. Jeder hätte Zeit, über Alternativen nachzudenken und zu einer ersten vorsichtigen Vorabbewertung unter Vorbehalt zu kommen.«

»Wir sollten vielleicht noch ein paar Experten hinzuziehen«, schlug eine Frau vor, die wohl Braunschmidts Assistentin war. Ihre Haare waren so kurz geschnitten und so rot gefärbt wie nach der heldinnenhaften Trennung von einem Mann, der sie jahrelang nicht verdient hatte.

»Experten«, murmelten alle vor sich hin.

Experten! Prima Idee! Experten sind immer gut! Alle Gesichter hellten sich auf. Keine eigenen Fehlentscheidungen treffen müssen, sondern sich auf die Fehleinschätzungen der Berufenen rausreden können!

»An wie viele Experten dachten Sie?«, fragte Braunschmidt.
»Zwei reichen für drei Stunden.«
»Besorgen Sie drei, dann haben wir einen in Reserve.«
»Bis nächste Woche Donnerstag!?« Die Getrennte mit den Henna-Haaren lachte trocken. »Als wenn wir die Einzigen wären, die Experten zu Meetings einladen!«

Mit ihrem Einwand hatte sie absolut Recht. Mein Kollege Wechsler war der einzige Experte in meiner Umgebung. Er verschob täglich mindestens vier oder fünf solcher Meeting-Requests in seinen PC-Papierkorb, selbstverständlich ungelesen. Nur wenn er mal einen schlechten Tag hatte und partout nicht arbeiten wollte, fischte er eine Einladung aus dem Mülleimer und tauchte als Experte bei Meetings fremder Abteilungen auf.

An solchen Tagen genoss er Fragen wie: »Was sagen Sie als Experte zu der eben skizzierten Idee, Herr Wechsler.«
»Nicht zu realisieren.«
»Warum nicht? Es ist doch ganz einfach. Das verstehe doch sogar ich als Laie.«

Oh, schrecklicher Fehler! Und schon kommt die Experten-Quittung: »Wenn Sie das schon wissen, warum fragen Sie mich dann noch?«

Nun musste Wechsler ausführlich gebauchpinselt, gestreichelt und gekrault werden.

Der einladende Projektleiter, dieser anmaßende Wurm, musste vor Wechsler in den Staub fallen. »Ich bin ein wertloser Laie! Ich bin der Verführung des Hochmuts erlegen, weil ich einmal die abgestürzte Word-Datei meiner Sekretärin gerettet habe. Dabei bin ich der Steckdosen nicht würdig, die in meinem Büro verlegt sind.«

Nach wenigen Minuten wohlwollenden Lauschens sagte Wechsler: »Na ja, es gäbe schon einen Weg...«

Die Lösung! Die Lösung! Euphorie machte sich breit.
»Aber nur theoretisch.«

Der Projektleiter, eben noch strahlend, sackte in sich zusammen.

»Wieso?«

»Sie wissen ja sicher um die Vor- und Nachteile der Klassen-Architektur von Java im Zusammenspiel – oder sollte ich sagen: Nicht-Zusammenspiel? – mit den Sparc-Prozessoren, wo die Sicherheitlücken sich nicht rauspatchen lassen, auch wenn gleich hinter dem Raid-Array alle Ports trotz der Firewalls gegen den weniger sicherheitsrelevanten Teil des Intranets auf eine zweite Maschine gemirrort werden – aber ohne Host-Zugriff!«

Ja, schnell begriffen alle, dass nicht alle schon alles wussten über die angesprochenen Vor- und Nachteile. Aber musste ja auch nicht sein, denn jetzt, wo Wechsler in Fahrt kam, konnte man der fremdartigen Melodie der Weisheit lauschen und Wichtigem konzentriert zuhören – am besten also mit geschlossenen Augen bei gleichmäßiger Tiefenatmung.

»Oder um es auf den Punkt zu bringen«, sagte Wechsler dann gern, »man könnte es machen, aber wir können es nicht. Es würde funktionieren, aber nicht stabil, was jedoch nicht bedeutet, dass es Probleme geben muss.«

»Also würden Sie mir zustimmen, Herr Wechsler«, sagte der Projektleiter und sprach ganz langsam und deutlich, so wie mit einem Kind im Vorschulalter, »dass wir keinen Fehler machen können, wenn wir nichts machen?«

»Ich würde das viel differenzierter sehen . . .«

»Und mal gesetzt den Fall, Herr Wechsler, eine differenzierte Sichtweise wäre mit der Todesstrafe bedroht?«

»*Dann* könnte man es so sehen, wie Sie es eben formuliert haben.«

»Vielen Dank. Wir lassen also besser die Finger davon. Das spart uns auch eine Menge Arbeit.«

Alle Anwesenden versuchten nun, sich die Erleichterung nicht anmerken zu lassen.

»Hat das jemand genau so deutlich im Protokoll notiert?«

Der Protokollführer nickte.

»Vielen Dank, Herr Wechsler, Sie haben uns wirklich sehr, sehr geholfen.«

»Gern geschehn.«

»Sie sind eben ein echter Experte.«

Doch zurück zu unserem Meeting.

»Experten sind in der Tat nicht leicht zu kriegen«, sagte Braunschmidt. »Da haben Sie Recht. Dann verschieben wir das nächste Meeting eben um eine Woche.«

»Auf drei Wochen vor den Feiertagen!?«

»Entschuldigung, *das* hatte ich vergessen! Natürlich auf *nach* den Feiertagen.«

»Da hängen doch alle ein paar Urlaubstage an«, sagte einer.

»Ich bin zehn Tage in den Alpen«, erklärte ein anderer.

Zu dieser Jahreszeit!? Sofort erkundigten sich seine Nachbarn tuschelnd nach Schneesicherheit und Geheimtipps.

»Viele verreisen auch drei Wochen«, gab die Rothaarige zu bedenken, »weil sie einen Urlaubsberg vor sich herschieben.«

»Okay, sehen wir uns also wieder am Donnerstag, 15.30 Uhr, in genau zwei Monaten. Welches Datum wäre das dann?«, fragte Braunschmidt.

»So lange im Voraus kann ich nicht planen«, meinte einer.

»Ich hab meine Termine nicht im Kopf«, sagte ein anderer.

»Jeder könnte ja seine Vorschläge im Umlaufverfahren rumschicken und dann kann jeder andere sagen, ob er auch könnte«, sagte die Rothaarige.

»Sehr gute Idee.« Braunschmidt dachte kurz nach. »Wer kümmert sich um die Terminkoordination?«

»Das können wir zum jetzigen Zeitpunkt noch nicht festlegen. Je nachdem, wer dann Zeit hat.«

»Wann?«

»In der Frage sollten wir uns alle rechtzeitig zusammentelefonieren«, erklärte die Rothaarige.

»Wunderbar! Eine Problemlösung wie aus dem Lehrbuch. Genau so machen wir's! Weitere Fragen? Nein? Ich danke Ihnen allen für Ihre konstruktive Zusammenarbeit. Ich bin glücklich, ein so hervorragendes Projektteam leiten zu dürfen. Ich habe ein *sehr* gutes Gefühl. Bis irgendwann, ich freue mich schon wahnsinnig auf ein Wiedersehen.«

# Die Schluckimpfung

*Von allen Verlusten der letzten zehn Jahre war dieser derjenige mit dem höchsten Lerneffekt pro verlorenem Euro.*

Aus: Achimowitz, ›Ratgeber Versagen. Wie korrigiere ich den Eindruck, dass ich was versiebt habe‹

Die Corporate Synergy Division hatte mich angefleht, ihren Jahresbericht beim höheren Management vorzustellen. Ich handelte eine Gegenleistung heraus, die ich hier leider aus strafrechtlichen Gründen nicht näher beschreiben darf. Nur so viel: Sie nützte dem Unternehmen noch mehr als mir – zumindest in letzter Konsequenz.

Jedenfalls übernahm ich die Präsentation des Berichts und sollte mich dann den Fragen der anwesenden Top-Manager stellen. Die Sitzung fand im Konferenzsaal »Ernst Jünger« statt.

Bei meiner Powerpoint-Präsentation hatte ich weiße Schrift auf hellgrauem Hintergrund gewählt, damit wir komplett abdunkeln mussten. Ich hatte den koffeinfreien Kaffee mit etwas Valium abgerundet und für Kekse mit einem besonders hohen Fettgehalt gesorgt, die das Blut aus dem Kopf in den Magen zogen.

Wer trotzdem nicht von allein einschlafen wollte, dem gaben die großen Buchstaben den Rest, die dank Power-Point-Third-Party-Extentions mit hypnotischen Drehungen über die einzelnen Folien flogen, während ich mit beruhigender, sonorer Stimme den ins Bild rotierten Text langsam vorlas. Alles funktionierte so perfekt, dass ich während meines Vortrags mehrmals selbst einnickte.

Als ich den Projektor abgeschaltet hatte und die Jalousien hochfahren ließ, saßen die meisten Herren mit ernstem Gesicht auf ihren Stühlen und hatten die Augen geschlossen.

Nur einer der Anwesenden zeigte rege Aktivität. Er nahm sich das halbe Dutzend Wäscheklammern ab, das er sich an den Armen, den Ohrläppchen und den Backen befestigt hatte, um auf keinen Fall einschlafen zu können. Den Trick musste ich mir merken.

Der Klammer-Mann ließ – wahrscheinlich nicht ganz zufällig – eine Cola-Flasche in der Mitte des Tisches so geschickt umfallen, dass sie sämtliche Saftflaschen mit sich riss. Nach dem Geklirre räusperte er sich gut zwei Minuten lang mit dem Nachdruck eines unheilbaren TBC-Falls, bis schließlich gut die Hälfte der Anwesenden erwacht war.

Nun ergriff er das Wort. »Ihre launige – ähm – Show, Herr ähm ...«

»Achimowitz.«

»Ja, Herr Achimowitz, hat uns alle bestens unterhalten. Nur leider haben Sie uns einen entscheidenden Aspekt vorenthalten: Durch das stümperhafte Agieren Ihrer Abteilung sind dem Unternehmen vier todsichere Millionen-Aufträge entgangen. Was haben Sie dazu zu sagen?«

**Zeit für Plan B.**

»Verzeihen Sie, wenn ich stolz bin auf das von uns Erreichte«, sagte ich. »Wir haben mit einer bisher nie dagewesenen Klarheit gezeigt, dass nichts so gefährlich ist wie todsichere Aufträge!«

Ich legte genug Heldentum in meine Stimme, um Menschen mit Flugangst für das Berufsbild des Kamikaze-Piloten zu begeistern.

»Todsichere Aufträge sind es, die unsere Work Force so selbstgefällig und träge machen, dass sich selbst die todsichersten Aufträge zerschlagen und das Unternehmen schließlich untergeht.«

Schade, dass der Raum zu klein für einen Lichterdom war.

»Aber ist der Konzern untergegangen?«, fragte ich die verschlafenen Führungspersönlichkeiten. Das war natürlich eine rhetorische Frage, aber zur Sicherheit gab ich doch die richtige Antwort: »Nein!«

Ich reckte die Zeigefinger hoch zur gelochten Rigips-Akustik-Decke.

»Haben die beschriebenen Erkenntnisse 1,8 Milliarden

Euro verschlungen wie bei den Kollegen von Daimler-Chrysler? Nein! Wir haben sie kostenbewusst und höchst effektiv zum Discount-Preis von nur 251 000 Euro produziert! Und zwar in weniger als drei Monaten! Das ist Bestzeit! Der Konzern hat diese unersetzliche Grundlagenforschung dank unseres unermüdlichen Einsatzes also rund 6 000 mal preisgünstiger bekommen als vergleichbare Konzerne! Wann hat jemand von Ihnen, meine Herren, zum letzten Mal *privat* so ein tolles Schnäppchen gemacht!?«

Ein Bereichsleiter aus dem Dunstkreis Financing drehte die Augen zur Decke und schien irgendwas an den Fingern abzuzählen, wahrscheinlich ging er die Familien-Einkäufe der letzten Wochen durch.

Eine Atmosphäre der Dankbarkeit baute sich zu meinen Gunsten auf, unausgesprochen, denn ab einer gewissen Position im Management ist Eindeutigkeit in jeder Form von Äußerung verpönt. Aber ich konnte das Wohlwollen spüren und der Klammermann offensichtlich auch.

Gnadenlos legte er nach: »Sie haben gegen den Willen der Geschäftsführung einige Arbeitsabläufe umgestellt und dadurch die Effektivität komplett ruiniert, anstatt Synergien zu erzeugen. Das ist ein empfindlicher Rückschlag für das Unternehmen!«

Lächelnd wandte ich mich ihm zu. »Sie haben absolut Recht. Ein bedeutendes Unternehmen wie das unsere ist ein komplexer Organismus – so wie Sie oder ich. Er muss sich wehren können. Er braucht Abwehrkräfte in diesen schwierigen Zeiten der Globalisierung.«

Allgemeines Kopfnicken. Globalisierung. Genau. Schwierig. Stimmt.

»Je erfolgreicher ein Unternehmen ist, desto unangreifbarer fühlt es sich – und desto empfindlicher wird es gleichzeitig. Dauerhafter Erfolg ist gefährlich. Er führt zu Verweichlichung und Dekadenz. Denken Sie nur an die griechische Antike, an Rom oder Atlantis.«

Die Herren kramten tief in ihrem Gymnasialwissen.

»Ein gesundes Unternehmen braucht ein ausreichendes Maß an Rückschlägen. Sie stärken das Immunsystem. Da jeder Mitarbeiter in unserem Haus kontinuierlich auf Erfolg eingeschworen wird, zählt es zu den anspruchsvollsten Herausforderungen, ausreichend Rückschläge in Premium-Qualität hervorzubringen, die zudem möglichst die gesamte Palette aller erdenklichen Versagensarten abdecken – oder zumindest der wichtigsten.«

Die meisten Manager legten die Stirn grüblerisch in Falten.

»Mein Herren, in aller Bescheidenheit, aber auch nicht ganz ohne Stolz, möchte ich dazu konstatieren: Uns ist dieses anspruchsvolle Werk trotz aller Hindernisse in vorbildlichem Maße gelungen. Sehen Sie also das vergangene Geschäftsjahr unserer Abteilung aus der Perspektive des Gesamtkonzerns als so eine Art Schluckimpfung.«

Das haben sie dankbar geschluckt.

# Mein Stundenhandel

Niemann vom Vertrieb hatte sein Gebiss aufrüsten lassen: Es war weißer als die Beispieltextilien der Waschmittelwerbung, von einer industriellen Ebenmäßigkeit, als solle es als Eintrittskarte für Jet-Set-Parties in Beverly Hills dienen, und wahrscheinlich hätte eine unabhängige Zählung ergeben, dass er sich 16 Zusatzzähne hatte einsetzen lassen, um täglich das konzernweit strahlendste Lächeln vor sich herzutragen.

Da es in der Welt der Verkäufer eigentlich keine Zufälle gibt, sondern nur Berechnung, freute ich mich besonders, dass Niemann zufällig vorbeigekommen war und sich für etwas interessierte, das mit Verkauf auf den ersten Blick nichts zu tun hatte: Sonstiges.

»Nun werden Sie sich fragen«, sagte ich, und Niemann nickte ständig und sagte »ja, ja, aha, so, ja, hm, ja, ja«, ganz so, wie man es in Kommunikations-Seminaren lernt, allerdings mit einer Ausdauer, die man sonst nur dem Unimog nachsagt, »was eigentlich passiert, wenn etwas, das irgendwo im Unternehmen als ›Sonstiges‹ empfunden und daher an uns von ›Sonstiges‹ weitergeleitet wird, dann auch bei ›Sonstiges‹ nicht ins Raster passt.«

»Ja, ja, aha, so, ja, hm, ja, ja.« Er nickte so beständig, als habe er die gleiche Variante von Parkinson wie die Plastikhunde auf den Hutablagen von Rentnerautos.

»Dafür«, sagte ich bedeutungsvoll, »gibt es die Planstelle ›Sonstiges‹ innerhalb von ›Sonstiges‹ – also meinen Verantwortungsbereich.«

»Ja, ja, aha, so, ja, hm, ja, ja.« Es war eine Art Sprechgesang, den er leise vortrug, während ich sprach – ganz gleich, was ich sagte. Den Rest der Zeit strahlte mich Niemann mit breitestem Lächeln an, als müsse er das Tipp-ex auf seinen Zähnen noch trocknen lassen.

»Letzte Woche zum Beispiel ...«

Plötzlich platzte es aus Niemann heraus: »Achimowitz, wir brauchen dringend jemand, der sich mit Access auskennt! Sie sollen da einen Kollegen haben, der auf Sie hört. Können Sie uns den für ein paar Stunden besorgen? Bitte! Ich würde Ihnen das nie vergessen. Nie!«

Weil Niemann mir erklärte, dass es praktisch um Leben und Tod ginge, überredete ich Wickler, obwohl der mitten in einer ziemlich wichtigen Arbeit steckte.

Zwei Wochen später lag Besinger mit Grippe im Bett. Drei Stunden Diktate mussten am selben Tag abgetippt und in Form gebracht werden. Frau Busche, auch ziemlich fit an der Tastatur, war im Urlaub. Paulsen wedelte mit einem Dutzend dringender Meeting-Requests und erklärte mir, dass er sich für uns alle als Repräsentant auf sterbenslangweiligen Sitzungen opfere, die von schnell beleidigten Projektleitern anderer Abteilungen veranstaltet würden, wahrscheinlich mit dem einzigen Ziel, die allgemeine Effektivität des Konzerns zu mindern.

Wickler war bereit das Abtippen zu übernehmen. »Ich habe mir das Abspielgerät für die Cassetten schon angesehen. Ich werde noch kurz zwei, drei Verbesserungen vornehmen«, sagte er mit dem Kreuzschlitzschraubenzieher in der Hand. Ich entriss ihm den Apparat, denn zwei, drei Wochen konnten wir nicht warten.

Ströhmer erklärte mir, wie das Problem zu lösen sei: »Durch Delegieren.«

»An wen?«

»Tja, das muss man sich vorher überlegen.« Er lehnte sich in seinem Stuhl zurück und verschränkte die Hände hinter dem Kopf. »Wenn *ich* was zu sagen hätte, kämen solche Fälle gar nicht vor.«

»Wieso nicht?«

»Weil ich alles anders machen würde. Nämlich richtig!«

»Falkenstein hat ...«

»Was keine Kritik an Falkenstein sein soll, der ja auch nur tut, was man ihm sagt, und das in hervorragender Weise.«

»Breuer hat ...«

»Auch ein vorbildlicher Manager«, beeilte sich Ströhmer

zu betonen, »Sachzwänge, Achimowitz! Strukturen! Es geht nicht um Personen, es geht ums Prinzip.«

Wahrscheinlich würde er die Reformierung des Konzerns heute nicht mehr schaffen und somit auch das Abtipp-Problem keiner befriedigenden Lösung zuführen, schon gar nicht mit den Fingern.

Allein konnte ich drei Stunden Diktat nicht bewältigen.

Also fuhr ich mit dem Lift hoch in die Vertriebsabteilung von Niemann.

»Achimowitz, wie schön! Sie sehen fantastisch aus. Gerade aus dem Urlaub zurück? Schicker Anzug! Ihr von ›Sonstiges‹ habt echt Geschmack!«

»Ich brauche dringend eine Schreibkraft«, sagte ich ohne Umschweife.

»Eine Schreibkraft? Ja, sind Sie nicht kräftig genug, um zu schreiben?« Niemann lachte laut los. »Schreib-Kraft! Ha ha ha!« Er schlug mir auf die Schulter. »Kleiner Scherz! Ist nur Spaß!« Er duckte sich wie Muhamed Ali und verpasste mir einen angedeuteten Leberhaken. »Sie verstehen doch Spaß?«

Der Humor, den ich bei erfolgreichen Vertriebsmitarbeitern antraf, ließ nur zwei Schlussfolgerungen zu: Entweder sind Kunden primitiv und kaufen am liebsten bei ihresgleichen; oder Kunden sind nicht primitiv, kaufen aber gern bei Primitiven, neben denen sie sich wie Genies fühlen können.

»Diesmal stehen *wir* total unter Druck, Herr Niemann!«, sagte ich und bemühte mich zu lächeln.

»So ein Zufall: wir auch!«

Niemann legte mir seinen Arm um die Schulter und drückte mich an sich, als wären wir langjährige Sportskameraden, er der Stürmer, ich auf der Reservebank – »Sonstiges«. Dann ging er in Richtung Tür, als hätte er außerhalb seines Büros etwas Wichtiges zu erledigen, und schob mich mit sich.

»Wir helfen Ihnen gern, *jederzeit*, das wissen Sie ja – und *ich* ganz besonders. Aber sorry, im Augenblick ist nichts zu machen.«

Offenbar musste ich, gegen meine dezente Natur, etwas deutlicher werden.

»Sicher erinnern Sie sich noch an Wickler.«

»Jetzt helfen Sie mir kurz auf die Sprünge, Achimowitz: Wickler, Wickler, Wickler?«, sagte er mit einem Grübelgesicht, wie man es so deutlich nur in Stummfilmen sieht, »war das ein Kunde?«

»Nein, unser Access-Mann! Einer der besten im Konzern. Ein fachliches Juwel. Er hat 30 Stunden für Sie gearbeitet. Es ging um Leben und Tod, hatten Sie gesagt.«

»Ach richtig, jetzt wo Sie's erwähnen. Wickler! Netter Bursche, aber im Nachhinein betrachtet hätten wir dieses Problemchen neulich auch ohne ihn hingebogen.«

»Ohne Schreibkraft sind wir verloren!« Ich war bereit, Niemann anzuflehen.

»Ich sage immer: Augen zu und durch!« Er versprühte die Zuversicht einer Schneekanone im Hochsommer. »Ein Super-Typ wie Sie schafft das schon, oder?« Ha ha ha. »Wenn nicht Sie, wer dann!?«

Erneut boxte er mich scherzhaft in die Seite. Dann lieh er mir seinen Duden. »Aber schonend behandeln, der wird jeden Tag mehr wert! Er stammt aus der Zeit vor der Rechtschreibreform.«

Ein paar Tage später kam der Abteilungsleiter Customer Communication zu mir und sagte, Niemann habe ihm erzählt, wir hätten hier einen Access-Mann, der nicht ganz ausgelastet sei, und er bräuchte gerade dringend einen für ungefähr 10 Stunden.

»Dringend?«, fragte ich.

»Sehr dringend.«

»Verstehe, das kenne ich. Wir brauchen ihn auch dringend. Gute Leute, Sie verstehen.«

»Aber bei uns geht es diesmal um alles.«

»Bei uns geht es *immer* um alles«, sagte ich, ganz in der Tradition von Niemann, und ich sah den Customer-Communication-Mann am anderen Ende der Leitung schon zusammensacken. »Andererseits will man ja auch helfen.« Ich hörte ein Aufatmen. »Sie könnten Wickler, unseren genialischen Access-Mann, für zehn Stunden haben, wenn

Sie mir einen Gutschein über 15 Mannstunden dafür geben.«

»Das würde ich sofort tun, aber wir haben leider keinen Access-Mann.«

»Dann geben Sie mir 15 Mannstunden vergleichbarer Qualifikation. Was hätten Sie da im Angebot?«

Er überlegte einen Augenblick. »Einen Grafiker vielleicht?«

»Machen Sie Witze? Ein Access-Mann ist so viel wert wie ein Art-Director. Mindestens!«

»Niemals! Ein guter Art-Director entspricht dreizehn achtel Access-Männern.«

»Ein *guter* vielleicht, aber der würde auch in einer richtigen Agentur arbeiten und nicht bei Ihnen.«

Am Ende handelte ich 25 Grafikerstunden raus, weil die Kunden-Kommunikatoren ein ernstes Access-Problem hatten und ihr Grafiker eine Grafikerin war, die frisch von der Uni kam.

»Natürlich muss der Gutschein übertragbar sein«, sagte ich, »und er muss auf Verlangen innerhalb der nächsten zwölf Dienststunden eingelöst werden.«

In der folgenden Woche rief die Abteilung »Near Client Software Delevopment« an. »Wir bräuchten da dringend einen Grafiker für 25 Stunden. Sie sollen ja beste Beziehungen haben, habe ich gehört.«

»Für 25 Stunden?« Das entsprach genau meinem Grafiker-Stunden-Guthaben bei Customer Communication. »Ich könnte Ihnen einen besorgen.«

»Sie sind unser Retter! Mein Held!«

»Eigentlich eine Grafikerin.«

»Noch besser!«

»Sie ist aber noch sehr jung.«

»Ich bin ja eigentlich nicht religiös, aber da kann nur Gott dahinterstecken.«

»Ganz ohne Gegenleistung geht das allerdings nicht.«

»Ich kann leider nur Access-Experten anbieten.«

»Nicht schlimm. Dann geben Sie mir einen Gutschein über 40 Access-Mann-Stunden.«

»Zugegeben, verglichen mit einer jungen Grafikerin, die man sogar einem Kunden vorführen kann, ist ein Access-Mann nur ein Access-Mann, den man verstecken muss, wenn Kunden kommen. Bisher haben wir noch jeden Kunden verloren, sobald er gesehen hat, von welchen Programmierern er sich abhängig macht. Aber *40* Access-Mann-Stunden?«

»Sie sollen nicht das Gefühl bekommen, ich wollte Ihre Notlage ausnutzen«, sagte ich und begnügte mich mit einem Gutschein über 35 Access-Mannstunden, übertragbar, auf Verlangen fällig innerhalb von 12 Stunden.

Mein ursprünglicher Einsatz von 10 Stunden Wechsler hatte einen Profit von 25 Access-Mannstunden gebracht. So generiert man Mehrwert.

Der Flurfunk sorgte schon bald dafür, dass täglich Leute anriefen oder vorbeischauten, die in dringenden Personalnöten waren. Ich stellte mich darauf ein und straffte die Abläufe nach den Prinzipien des Lean-Management:

»Nehmen Sie sich eine Verleih-Preisliste aus dem Regal und studieren Sie meine AGBs auf der Rückseite«, sagte ich Ausleihern, die das erste Mal kamen. Meine Maßeinheit für das interne Personal-Leasing war die Access-Mannstunde, das fand ich irgendwie romantischer als Euro.

»Wir hätten da gerade ein paar C++-Programmierer für den Rest des Monats. Die haben nichts zu tun, weil wir auf neue Hardware warten. Ich könnte Sie Ihnen zum absoluten Discount-Preis überlassen«, sagte der Chef des Intranets.

Ich gab ihm einen Gutschein kurz unter der Grenze der Sittenwidrigkeit. Die C++-Programmierer hatte ich eine halbe Stunde später untergebracht – mit 300 % Profit.

Es kursierten immer mehr Zeit-Gutscheine. Ich kaufte welche günstig zurück, die keine Verwendung fanden. Ich nahm sie in Zahlung. Man konnte sie verpfänden und beleihen.

Natürlich gab es auch Abteilungen, die sich um das Einlösen der Gutscheine unter allerlei Vorwänden drückten.

»Ich biete Ihnen zwei Access-Mannstunden für eine Inkasso-Stunde«, schlug ich dem Werkschutz vor und bekam eine wirklich faire Portion Einschüchterungsleistung im Gegenzug.

Wechsler schrieb mir ein sensationelles Programm zur Verwaltung einer differenzierten Schwarzen Liste. Parallel bezahlte ich alle möglichen Mitarbeiter mit Zeitgutscheinen dafür, dass sie den Säumigen durch Anfragen und Aufträge die Zeit stahlen. Die Betrugsfälle wurden weniger.

Das Geschäft lief gut. Die Profite reichten aus, um sämtliche Arbeiten unserer Abteilung von anderen Leuten erledigen zu lassen. Paulsen wurde noch besser im Moorhuhn-Jagen. Besinger beschäftigte sich von neun bis fünf mit kreativen Dingen, überwiegend Töpfern. Ströhmer verbrachte die meisten Tage vollständig im Aufzug – hoch und runter und hoch und runter – immer in der Hoffnung, dass ein Vorstand zusteigen und er ihm gegenüber mit irgendwas brillieren könnte.

Als ich einen Überschuss von 18 000 Access-Mannstunden in der Kasse hatte, entschied ich mich dieses enorme Vermögen zu stiften. Nach Wechslers Berechnungen könnten wir damit ein Kinderkrankenhaus in Afrika bauen. Der übliche Konzernbetrieb müsste dazu nicht einmal sechs Wochen lang unterbrochen werden.

## Der Samurai von Filderstadt

*Ich habe mich von Anfang an gewundert, wieso das Konzept auf so große Begeisterung weiter oben gestoßen ist. Wenn es nach mir gegangen wäre, hätten wir die Sache wesentlich kleiner gekocht. Oder ganz groß.*

Aus: Achimowitz, ›Ratgeber Versagen. Wie korrigiere ich den Eindruck, dass ich was versiebt habe‹

Es war wie ein Lottogewinn für mich, dass ich bei einer Vorstandssitzung als Zuhörer teilnehmen durfte. Hilscher, den sie alle »den Samurai von Filderstadt« nannten, sollte dem Vorstand über die Erfolge seiner Downsizing-Maßnahmen berichten.

Ich setzte mich auf einen der Stühle, die an der Wand standen, und beobachtete das Geschehen der erlauchten Manager direkt am Konferenztisch. Rechts neben mir hatte Falkenstein Platz genommen, zu meiner Linken saß Frau Besinger, die wir auf Anweisung des Vorstandsassistenten hatten mitbringen müssen – als Eintrittskarte.

»Das wird ein Schlachtfest«, kündigte Falkenstein voller Vorfreude an und verwies nebulös auf seine Kontakte nach »*ganz* oben«, so weit oben, dass »ich leider keine Namen nennen darf.«

Der Samurai legte seine erste Folie auf den Overhead-Projektor.

»Die Kunst der Verschlankung besteht darin, Scheitern rechtzeitig zu erkennen und das scheiternde Projekt mit einem präzisen Schwerthieb vom gesunden Rumpf des Unternehmens abzutrennen.«

»Gut möglich«, flüsterte Falkenstein grimmig, »dass er sich diesmal mit seinem Schwert in die eigenen Füße hackt. Ich wette zehn zu eins.«

»Ein kurzer, heftiger Schmerz, doch dann kann der Konzern weiter kämpfen. Und das muss er auch, denn das da draußen ...« Er unterbrach seinen Satz für eine Kunstpause eines Ausmaßes, die man als Uneingeweihter leicht mit dem Ende der Veranstaltung hätte verwechseln können. Alle hielten den Atem an. Es war absolut ruhig. »... das ist Krieg.«

Allgemeines Ausatmen.

»Jedes einzelne Schicksal ist mir dabei so wichtig wie mein eigenes. Aber wir alle müssen doch der großen gemeinsamen Idee dienen! Tausende von Familien sind davon abhängig, dass wir die richtigen Entscheidungen treffen – auch im Bereich der Amputation.«

Einer unserer Topmanager, den ich leider noch nicht kannte, sagte: »Lieber Herr Hilscher, bitte beschreiben Sie uns die Maßnahmen, mit denen Sie diese fantastischen Einsparungen erzielen konnten.«

»In weniger als drei Wochen ist es mir gelungen, 14 Projekte zu identifizieren, die zum Scheitern verurteilt waren.« Der Samurai sah heroisch in die Runde. »Im Auftrag des Vorstands wurden umgehend über 100 Mitarbeiter freigesetzt und mehr als 6 Millionen Euro eingespart.«

Einige der Erlauchten nickten anerkennend mit dem Kopf.

Jemand aus dem inneren Kreis erhob sich.

»Wegert«, zischte Falkenstein hinter vorgehaltener Hand, »Spitzenmann.«

»Wir alle, verehrter Herr Hilscher«, sagte Wegert, dessen Hautfarbe den Schluss nahe legte, er hätte sein Büro zu einem Sonnenstudio umbauen lassen, »wir alle sind beeindruckt von Ihren Leistungen. Wir bewundern die Geschwindigkeit und Effizienz Ihrer Operationen.«

Falkenstein hatte diesen Wegert schon mehrfach erwähnt. Ich hatte ihn mir mehr wie einen intelligenten Pitbull im Armani-Anzug vorgestellt. »*Das* ist der Bursche, an dessen Stuhl Hilscher sägt?«, fragte ich Falkenstein im Flüsterton.

»Eigentlich schon.« Falkenstein schien äußerst irritiert von Wegerts Schmusekurs.

»Sie haben 14 zum Scheitern verurteilte Projekte gestoppt – wirklich ein beeindruckendes Ergebnis.«

Falkenstein wirkte irgendwie irritiert.

»Trifft es eigentlich zu«, fuhr der Gebräunte fort, »dass Ihr ›Schwert‹ ausschließlich Projekte amputiert hat, die zuvor...«. Er redete nicht weiter, sondern zeichnete mit seiner Goldrandbrille einige Figuren in die Luft, ein Picasso beim Florett-Training, »... die also zuvor von *Ihnen* initiiert und obendrein...«, wieder Schweigen, der Bräuner führte kunstpausenmäßig nach Punkten, »... sogar von *Ihnen* geleitet worden waren?«

Der Samurai von Filderstadt antwortete nicht.

»Das letzte Gefecht des Samurai«, Falkenstein rieb sich die Hände, »ab morgen ist er auf Jobsuche. Zehn zu eins.«

»Von mir aus hätte ich das nicht angesprochen«, sagte der Samurai leise, »aber natürlich haben Sie Recht.« Er sah zu Boden. »Ich habe jedes dieser Projekte ins Leben gerufen und geführt.«

Zeit für ein gepflegtes Harakiri?

»14 zum Scheitern verurteilte Projekte? Mit 100 Mitarbeitern?«, sagte der Gebräunte höhnisch.

Ich fragte mich, wie jemand, der solche Fehler machte, so weit nach oben kommen konnte.

Der Samurai nickte wortlos. Dann sagte er: »Ja, das trifft zu. Und glauben Sie mir, ich habe mir die schlimmsten Vorwürfe gemacht.« Seine Stimme war immer leiser geworden.

»Wenigstens ist er ehrlich und steht zu seinen Fehlern«, meinte Besinger, die auch einen Mörder freisprechen würde, wenn er nur Reue zeigte. Außer, wenn es sich bei seinen Opfern um Tiere gehandelt hätte.

»Wenn ich geblieben wäre, als Projektverantwortlicher«, sagte der Samurai und fügte eine weitere seiner hochdramatischen Kunstpausen ein, »hätte ich« – jetzt wurde er lauter – »jedes einzelne dieser« – er drehte den Schallpegel unbarmherzig höher – »ursprünglich aussichtsreichen Projekte« – die sensible Besinger hielt sich schon die Ohren zu – »zum Erfolg geführt.« Etwas lauter als im Übungsraum einer Rockband.

Pause.

»*JEDES!*« Wie ein Donnerschlag! Alle zuckten zusammen. Die Tischplatte überlebte den Handkantenhieb nur knapp.

Ein Raunen ging durch den Konferenzraum.

»Aber als mich der Vorstand zu wichtigeren Aufgaben berief«, fuhr er fort, ganz lieb und in Zimmerlautstärke, »hätte ich mich da der Verantwortung für das große Ganze verweigern sollen? Mich feige aus der Pflicht stehlen, gerade in diesen schweren Zeiten globaler Herausforderungen?« Seine Stimme hatte nun den Schmelz des jungen Sinatra. »Einfach sagen: ›Nein, es gibt im ganzen Konzern niemanden außer mir, der ein ganz normales Projekt auf Projektleiterniveau in den Griff bekommt?‹«

Falkenstein wurde bleich.

»Meine Damen und Herren, ich hoffe, dass Sie mir verzeihen« – und nun blickte er den Gebräunten mit einem amüsierten Lächeln an –, »wenn ich derartige Eitelkeit und Selbstüberschätzung lieber Berufeneren überlasse.«

Auf dem Rückweg zu unserer Abteilung sagte Falkenstein kein Wort. Er sah aus, als hätte er sehr viel verloren, obwohl niemand seine Wette angenommen hatte.

## Paulsen will sich schon wieder verändern

»Schauen Sie sich mal Paulsen an«, sagte Frau Besinger.

Nacheinander ging jeder von uns unauffällig an Paulsens Bürotür vorbei und wagte einen Seitenblick. Paulsen saß mit entrücktem Lächeln auf seinem Drehstuhl und schaute aus dem Fenster.

»Das muss was Sexuelles sein«, meinte Frau Busche.

Sein Schreibtisch sah aufgeräumt aus, zum ersten Mal, seit er hier angefangen hatte.

»Vielleicht braucht er einen Arzt«, sagte Besinger besorgt und ging zu Paulsen, um sich nach seinem Befinden zu erkundigen.

Ein paar Minuten später kam sie mit ernstem Gesicht zu uns zurück.

»Er formuliert gerade seine Kündigung«, berichtete sie.

Paulsen sah wirklich glücklich aus.

»Kündigung?«, brachte Falkenstein erstaunt hervor, als ich ihm von Paulsens Plänen erzählte. »Endlich!«

Seine Erleichterung verwunderte mich, denn in der letzten Zeit hatte er Paulsen immer hervorragende Beurteilungen gegeben.

»Paulsen ist ja auch mein bester Mann«, erklärte Falkenstein und lachte, »teamfähig, belastbar, anpassungsfähig und mit Führungsqualitäten, außerdem kompetent, engagiert und was man heute so ist. Der ideale Mitarbeiter.«

»Eine etwas eigenwillige Einschätzung«, sagte ich.

»Man sollte einen Mann nicht voreilig als demotivierten Eigenbrödler ohne jegliche Produktivität abqualifizieren, nur weil er sich seit zwei Jahren abkapselt und zu nichts Lust zu haben *scheint*.«

Falkenstein stand von seinem Schreibtisch auf und nestelte an seiner Krawatte herum. »Unser verdienter Kollege Paulsen hat nur einen Nachteil: Er ist so gut, dass andere Abteilungen ihn mir wegnehmen werden. Vielleicht sogar der geschätzte Kollege Abteilungsleiter Ketowski.«

Paulsen in den Diensten von Ketowski, Falkensteins Erzfeind? Ich begann zu verstehen.

»Wir würden unseren Paulsen hier vermissen. Sehr! Aber wir würden aus der Ferne an den Ergebnissen seiner neuen Abteilung die Auswirkungen der bewährten Paulsen-Kompetenzen miterleben dürfen.« Falkenstein kicherte hämisch. »Naja, jetzt ist das Problem gelöst. Er kündigt von selbst. Wie sagt unser verehrter Bereichsleiter immer so treffend: Nur das Ergebnis zählt.«

Ein paar Tage später traf ich Paulsen zufällig in der Küche, als er seinen »I am the BOSS!«-Becher mit Kaffee füllte. Er hatte immer noch dieses zufriedene Gesicht, was mich wunderte, denn eigentlich sah die Situation auf dem Arbeitsmarkt katastrophal aus. Er musste Glück gehabt haben.

»Schon eine Stelle in Aussicht?«, fragte ich ihn.

»Wer sagt, dass ich gehe?«

»Sie!«

»Ach ja, richtig«, sagte er etwas verlegen, »aber ich habe es mir noch mal überlegt. Das kann ich nicht machen. Die Kollegen hängen lassen und so weiter.«

Damit konnte er nur die 20 Minuten pro Woche meinen, in denen er einem von uns Tricks im Umgang mit Schusswaffen des Moorhuhnjägers zeigte.

Als ich kurz darauf mit Falkenstein über die Wochenplanung sprach, kamen wir auf Paulsen.

»Mir ist schleierhaft«, sagte ich, »warum Paulsen bleibt und trotzdem so gut gelaunt ist. So kennt man ihn gar nicht.«

»Das liegt sicher an dem dreimal schnelleren Rechner und dem 24-Zoll-TFT-Monitor, den ich ihm besorge.«

»24 Zoll-Flatscreen!? Von so einem großen Monitor können Sie einen passionierten Moorhuhnjäger nur mit Waffengewalt entfernen«, sagte ich, »und Sie wollten ihn doch loswerden! Irgendwie passt das alles nicht zusammen.«

»Sehen Sie es mal so«, sagte Falkenstein. »›Abteilungsleiter verliert fähigsten Mitarbeiter durch Kündigung.‹« Er machte eine Pause. »Warum?«

Ich überlegte einen Moment.

»Unfähiger Abteilungsleiter?«

Falkenstein nickte sehr ernst und sehr langsam.

## »Macht man eigentlich Jagd auf Sie?«

Die gesamte Abteilung war um den Besprechungstisch versammelt. Falkenstein ergriff das Wort. »Auch in Zeiten der Rezession sind gute Leute überall gesucht. Daher rufen Headhunter in den Büros an, um gute Leute gegen ihren Arbeitgeber aufzuhetzen und sie zum Wechsel zur Konkurrenz zu überreden.«

Alle sahen mit ausdruckslosen Gesichtern schweigend vor sich hin.

»Wer von Ihnen hat schon einen besser bezahlten Posten bei der Konkurrenz in Aussicht?«

Niemand sagte einen Ton.

»*Wenn* da was gewesen wäre ... wir pflegen doch ein völlig offenes Verhältnis untereinander, oder?«

Alle nickten.

»Wer hat sich schon mit einem Headhunter verabredet oder getroffen?«

Keine Reaktion.

»*Falls* ... Sie würden doch ...?«

Wieder Nicken, noch entschiedener als zuvor.

»Wer hat bereits ein Telefonat mit einem Headhunter geführt?«

Keiner hob die Hand.

»Nicht einmal Sie, Ströhmer?«

Ströhmer wurde rot und schüttelte den Kopf.

»Okay. Dann schreibe ich jetzt also in dieses Formular: Sämtliche Mitarbeiter der Abteilung ›Sonstiges‹ erscheinen Headhuntern als zu inkompetent, um sie anzurufen.«

»Sagten Sie Headhunter?«, fragte Paulsen. »Sind das nicht diese Typen, die einen anrufen, um zu fragen, ob man sich verbessern möchte?« Er kratzte sich eine Spur demonstrativer als geplant am Kopf. »Da waren in den letzten Wochen eine ganze Reihe ...«

»Was soll ich bei Ihnen eintragen, Paulsen: Lügt bei Befragung aus niederen Beweggründen – oder: ist als Einziger im Team zu dumm, die Definition von Headhunter auf Anhieb zu verstehen?«

»Schreiben Sie vielleicht: Ist häufig auf wichtigen Meetings und kann daher nicht jedes Telefonat entgegennehmen.«

»Okay: Paulsen versäumt viele wichtige Telefonate, weil er nicht imstande ist, die Entgegennahme von Anrufen während seiner Abwesenheit zu organisieren.«

## Wer will Falkenstein?

Die Aufbruchsminuten am Ende anstrengender Meetings bieten die beste Gelegenheit für gediegene Konversation. Während alle nacheinander unter den Tisch krochen, um heruntergefallene Kugelschreiber oder Notebooks zu suchen, und Ströhmer aus der Froschperspektive in einen fotokopierten Plan eintrug, ob und gegebenenfalls von wem neue Kaugummis angeklebt worden waren, fragte ich Abteilungsleiter Falkenstein: »Bekommen Sie als Führungskraft eigentlich Anrufe von Headhuntern?«

Im Team wurde das Thema seit Wochen heftig diskutiert. Die Mehrheit konnte sich nicht vorstellen, dass irgendwer irgendeine Verwendung für Falkenstein haben konnte – auch nicht aus Verzweiflung.

»Immer wieder werde ich angerufen. Selbstverständlich. Ein ganz normaler Vorgang für einen Mann in meiner Position und mit meinem Renommee.«

»Seltsam, dass bisher niemand etwas von diesen Gesprächen mitbekommen hat«, sagte Frau Busche.

»Allerdings«, pflichtete Paulsen abschätzig bei.

»Sie haben auch nie was erwähnt«, meinte Besinger.

»Meine Diskretion dürfte allgemein bekannt sein«, erwiderte Falkenstein jovial, »und ich hätte niemals erwartet, dass jemanden meine privaten Petitessen interessieren würden.«

Das Wort musste ich heimlich nachschlagen.

Am übernächsten Tag rannte Frau Besinger aufgeregt durch unsere Büros. »Schnell! Schnell zu Falkenstein ins Office! Der Chef hat einen Headhunter dran.«

Wir sprangen von unseren Schreibtischen auf und stürzten ins Büro des Abteilungsleiters.

»Setzen Sie sich«, sagte er mit dem Hörer in der Hand, »und bitte leise sein.«

Dann drückte er eine Taste auf seinem Komforttelefon und sagte: »Hören Sie, Herr von Wermelsburg? Noch eine

Sekunde Geduld. Ich muss das Telefonat mit dem Vorstand noch kurz abschließen. Gleich bin ich bei Ihnen.« Erneut drückte er die Stumm-Taste.

Inzwischen hatte sich die gesamte Abteilung versammelt.

»Ich stelle jetzt gleich wieder auf Freisprecher, also keinen Mucks!«

Alle nickten.

»Herr von Wermerlsburg? So, jetzt können wir ungestört reden.«

»Wieso hallt es so auf Ihrer Seite?«

»Ich bin, wegen der größeren Vertraulichkeit, mit dem Apparat zur Toilette gegangen. Und die Kacheln, Sie verstehen.«

»Selbstverständlich, Herr Falkenstein. Lassen Sie mich gleich zum Punkt kommen, Herr Falkenstein: Wie wir aus mehreren sicheren Quellen erfahren haben, Herr Falkenstein, sind Sie ein hervorragender Manager mit den besten Bewertungen in Fachkreisen. Lassen Sie es mich einmal salopp ausdrücken, Herr Falkenstein: ein richtiger Teufelskerl.«

»Das ist sehr schmeichelhaft, aber übertreiben Ihre Informanten da nicht ein wenig?«

»Im Auftrag eines international aufgestellten Mischkonzerns suchen wir händeringend einen Top-Performer wie Sie, Herr Falkenstein. Wir bieten Ihnen fantastische Aufstiegsmöglichkeiten bis in den Vorstand.«

»Das klingt ja recht verlockend.«

»Zum Einstieg, Herr Falkenstein, bekommen Sie das Doppelte Ihres augenblicklichen Gehalts und einen neuen 320er als Firmenwagen. Wie klingt das, Herr Falkenstein? Sind Sie im Boot?«

»Das muss ich mir sehr sorgfältig überlegen. Meine Leute hier brauchen mich. Sie hängen an mir. Gemeinsam sind wie ein unschlagbares Team.«

»Das ehrt Sie, Herr Falkenstein. Aber wir wollen nur Sie, Herr Falkenstein!«

»Auf den Mercedes kann ich verzichten und ein höheres Manager-Gehalt brauche ich auch nicht unbedingt. Aber eines steht unumstößlich fest: Ohne mein Team gehe ich nirgendwo hin!«

»Sie müssen Ihre Leute ja wirklich lieben, Herr Falkenstein!«

»Genauso ist es. Wie ein Vater seine Familie – mit Güte und Strenge. Ich liebe sie und sie lieben mich. Also: Wenn Sie *mich* haben wollen ...«

»Ja, Herr Falkenstein, wir wollen Sie um jeden Preis haben, Herr Falkenstein!«

»Dann denken Sie sich eine Lösung für meine Leute aus. Mindestens 10% mehr Gehalt für jeden plus vier zusätzliche Urlaubstage, bezahlte Überstunden, außerdem große, helle Büros mit bequemen Drehstühlen von Vitra im Chef-Design, Fruchtsäfte kostenlos, Gleitzeit, Zeitkonto, Sabbaticals, Weiterbildungsangebote in Wellness-Anlagen am Mittelmeer, Aufstiegsmöglichkeiten für jeden und vor allem kreative Herausforderungen mit einem Routine-Anteil unter zwei Prozent. Sonst brauchen wir gar nicht weiterreden.«

»Gut, Herr Falkenstein, ich habe verstanden. Sie sind ein verdammt zäher Verhandlungspartner, Herr Falkenstein. So wie Sie, Herr Falkenstein, hat sich in meiner gesamten bisherigen Laufbahn noch nie ein Manager mit seinem Team identifiziert. Ich werde sehen, was ich tun kann, Herr Falkenstein. Ich melde mich die Tage, Herr Falkenstein.«

»Bis dann.«

Falkenstein legte auf.

»Mehr kann ich in der augenblicklichen Situation nicht für Sie rausschlagen«, sagte er.

Frau Besinger standen die Tränen in den Augen.

»Ich halte Sie auf dem Laufenden, wenn sich was bewegt.«

Etwas betreten verließen alle Falkensteins Büro.

»Ein zugleich gütiger und strenger Vater«, murmelte Busche vor sich hin, »so hatte ich das noch nie gesehen, wenn er mich zur Sau gemacht hat.«

»Er meint es nur gut«, sagte Besinger und schluchzte in ihr Tempo-Taschentuch.

Am nächsten Tag verteilte Besinger an jeden Mitarbeiter

der Abteilung eine kleine, in Geschenkpapier eingewickelte Schachtel, die eine CD enthielt.

»Von Falkenstein.«

Auf der beiliegenden Karte stand: »Als kleine Erinnerung an einen schönen gemeinsamen Moment überreiche ich Ihnen diesen Mitschnitt des gestrigen Telefonats.«

Die allgemeine Stimmung war bestens. Falkenstein erließ mir als Dank für den Text zum Telefonat mit seinem Schwager zwei sehr lästige Monatsberichte, mit denen sich nun Ströhmer herumschlug, ohne jedoch den ungeheuren Motivationsschub aufzubrauchen, den das Telefonat sogar ihm gebracht hatte.

# Die subtile Kunst des Controlling

Ich saß bei Ströhmer im Büro und fragte mich, was er von mir wollte.

»Ich soll mit Ihnen über Ihren Vorschlag der Erfolgsmessung sprechen. Falkenstein kann sich mit solchen Lappalien nicht selbst befassen.«

»Das ist doch längst geklärt.«

Ströhmer sah mich mitleidig an. »Geklärt? Das Konzept des Controlling ist doch wesentlich diffiziler, als Sie es zu sehen scheinen. Es geht nicht um simples Kontrollieren, vielmehr eine systematische...«

Auf seinem Schreibtisch piepte ein kleiner Reisewecker. Ströhmer entschuldigte sich, griff zum Telefon und wählte.

»Ich bin's. – Ja. – Ja. – Ja, genau, Hasi. – Eigentlich nichts. – Ja. – Ich wollte nur mal deine Stimme hören. – Ja. – Ja. – Wirklich?«

Ich schaute Ströhmer verwundert an. Er besaß ein Privatleben. Vielleicht war er, heimlich und nur hinter verschlossenen Türen, ein ganz netter Kerl. Ich versuchte, mir Ströhmer als netten Kerl vorzustellen, und lernte dabei die Grenzen meiner Fantasie kennen.

»Verstehe, Hasi. – Nein, wie lustig. – Ja, ich dich auch. Tschüssi! Bussi!« Ströhmer legte auf.

»Augenblick noch«, sagte er ohne mich anzusehen. Er öffnete eine Excel-Tabelle und machte mit großer Konzentration ein Reihe von Eintragungen. Dann rief er eine Chart-Ansicht auf, die er mit schräg gelegtem Kopf betrachtete.

In diesem Moment verstand ich den Unterschied zwischen Kontrollanruf und Controlling.

# Das Upward-Feedback-Programm

Falkenstein wedelte mit einer Broschüre vor meiner Nase herum. »Darum müssen wir uns kurz kümmern.« Die Maßeinheit »kurz« bedeutete nichts Gutes. Und der Fachausdruck »wir« würde nach sorgfältiger Übersetzung wahrscheinlich bedeuten, dass ich das Wochenende abschreiben konnte. Dabei hatte ich mich schon so auf die Arbeit gefreut, die ich mir für Samstag und Sonntag mit nach Hause nehmen wollte.

Ich blätterte die Broschüre durch. Der Vorstand hatte sich ein »wegweisendes Programm zur Nutzung der positiven Kritikfähigkeit aller Mitarbeiter für den Fortschritt« ausgedacht. Konstruktive Kritik von Mitarbeitern an ihren Vorgesetzten sollte gefördert werden, um den Chefs einen noch effektiveren, teamorientierteren Führungsstil zu ermöglichen. Kurz: Das »Upward-Feedback-Programm« war die aktuellste geniale Idee, die unser Haus dem Ziel der Weltherrschaft einen entscheidenden Schritt näher bringen könnte.

Das untere Management sollte den Plan durchsetzen. Besondere Leistungen würden mit einer Prämie belohnt und fänden Berücksichtigung bei der nächsten Umstrukturierung, erklärte mir Falkenstein, »und die nächste Umstrukturierung kommt bestimmt.«

Falkenstein bestellte einen Mitarbeiter nach dem anderen in sein Büro.

»Der Vorstand wünscht, dass wir gemeinsam besser werden. Der Vorstand meint, es sei eine gute Idee, dass alle Mitarbeiter klar und deutlich sagen, was ihnen an ihren Chefs nicht gefällt. Also: Ich höre.«

»Welche Konsequenzen hat das für mich?«

»Ich werde alle Mitarbeiter individuell für ihre offene Kritik angemessen belohnen.«

»Und wie sieht diese Belohnung aus?«

»Durch eine fein auf die Persönlichkeit abgestimmte Verteilung der anfallenden Aufgaben in der Abteilung.«

An dieser Stelle antwortete jeder Mitarbeiter mit fester Stimme: »Eigentlich habe ich gar keine Verbesserungsvorschläge.«

»Wenn Sie welche hätten, hätten Sie die längst vorgetragen, oder?«

»Genau, das wollte ich gerade sagen.«

»Weil wir hier schon längst eine offene Team-Kultur auch über Hierarchiegrenzen hinweg pflegen, nicht wahr?«

»Wenn ich vorschlagen darf: partnerschaftlich.«

»Finden Sie das besser als offen?«

»Nein, das sollte jetzt keine Kritik sein. Eher eine Ergänzung.«

»Sie kritisieren, dass mein Vorschlag nicht geschwätzig genug ist?«

»Im Gegenteil. Er ist wunderbar, genau die richtige Mischung von Präzision und Eloquenz.«

»Aber Sie wissen, dass gerade mir konstruktive Kritik jederzeit willkommen ist, nicht wahr?«

»Schon immer, Herr Falkenstein.«

»Gut. Dann formulieren Sie Ihren eben vorgetragenen Standpunkt kurz aus. Zwei oder drei Seiten reichen. Aber nicht von den Kollegen abschreiben! Schicken Sie Ihr Papier an das Upward-Feedback-Center zur Auswertung. Dann nehmen Sie sich den Nachmittag frei. Erstklassige Arbeit muss auch mal anerkannt werden.«

So verliefen alle Gespräche und alle waren glücklich über den freien Nachmittag.

Falkenstein war bester Laune und meinte: »Die Prämie ist mir sicher.«

Als ich zwei Wochen später mit Falkenstein über die Frage diskutierte, welcher englische Ausdruck die Bezeichnung »Sonstiges« optimal ersetzen könnte, erschien ein Consultant bei Falkenstein, um mit ihm über das UFP zu sprechen. Ich stand auf und wollte gehen.

»Bleiben Sie doch, Achimowitz«, sagte Falkenstein selbstsicher, »das ist gewiss auch interessant für einen aufstrebenden jungen Mann wie Sie. Wir haben hier keine Geheimnisse vor unseren Untergebenen, die wir prinzipiell als gleichberechtigte Partner sehen. Wir bei ›Sonstiges‹ sind nämlich extrem teamorientiert und unsere Hierarchien sind so flach wie ein Blatt Seidenpapier. So ist es doch, oder?«

Ich nickte.

Der Consultant blätterte in seinen Unterlagen herum. »Wie ich sehe, kam von Seiten Ihrer Mitarbeiter« – er zögerte ein wenig, blätterte vor und zurück – »keinerlei Kritik an Ihnen.«

»Wirklich?« Falkenstein tat erstaunt. »Das ist mir ehrlich gesagt gar nicht aufgefallen. Aber jetzt, wo Sie's sagen ... – ja, ich fürchte, meine Mitarbeiter haben nichts an mir auszusetzen.« Er bemühte sich redlich, seinen Stolz hinter einer Maske der Selbstverständlichkeit zu verbergen. »Tut mir leid«, fügte er scheinheilig hinzu.

»Das ist schlecht.«

»Schlecht?« Falkenstein legte seine Stirn in Falten. »Warum das?«

»Weil es zeigt, dass Sie unfähig sind, Ihre Mitarbeiter zu Mündigkeit und Kritikfähigkeit anzuleiten.«

»Wenn es aber keinen Grund zur Kritik gibt?«

»Wollen Sie mir vielleicht erzählen, Sie seien perfekt?«

»*Das* habe ich nicht gesagt«, sagte Falkenstein, »aber man sollte nichts voreilig ausschließen.«

»Angenommen, Sie wären perfekt.« Der Consultant überlegte kurz. »In diesem Fall wären Sie – unsympathisch.« Er spielte mit seinem schweren Mont-Blanc-Füller. »Das ist das Los der Perfektion. Ich weiß, wovon ich spreche.«

Ich hörte ein wenig Selbstmitleid heraus.

Falkenstein schaute einen Augenblick lang an die Decke, dann sagte er: »Einverstanden, das stimmt.« Er lehnte sich zufrieden zurück. »Ich mag vielleicht ein wenig zu perfekt sein, um dem einen oder anderen, der selbst mit Schwächen behaftet ist, sympathisch zu sein.«

»Gut! Und was können wir dagegen tun?«

»Aber wieso ...«

»Weniger Perfektion, Falkenstein! Es sind die Genies, die

Makellosen, die Perfekten, die dieses Unternehmen zugrunde richten. Sie müssen sich radikal ändern. Ich warte auf Ihre Vorschläge.«

»Ich weiß nicht...«

»Sie wissen nicht!? Das ist schon ein guter Ansatz. Werden Sie – *noch* schwächer.«

»Ich soll eine Schwäche entwickeln?«

»Richtig, Falkenstein! Weiter so! Denken Sie sich eine Schwäche aus!«

»Da müsste ich mal ganz in Ruhe ein paar Tage...«

»Seien Sie spontan! Geben Sie alles! Sie sind ein Top-Manager! Zeigen Sie mir, dass Sie aus dem Stehgreif eine Niete sein können!«

Falkenstein schwitzte. »Schwäche – hm – tja – Schwäche, Schwäche...«

»Je mehr, desto besser!«.

»Sie könnten doch...«, sagte ich.

»Lassen Sie ihn selbst nachdenken«, unterbrach mich der Consultant.

»Ich könnte meinen Mitarbeitern nahe legen, mich *nicht* zu kritisieren.«

»Na bitte! So ist es richtig! Prima, Falkenstein! Sie können es doch! Das wäre eine kritikwürdige Schwäche. Damit wären Sie schon fast aus dem Schneider.«

»Ja, aber das habe ich doch getan.«

»Ihre Leute zum Schweigen gedrängt?« Der Consultant brauchte eine Sekunde, bis er Falkensteins Geständnis ganz verarbeitet hatte. »Warum haben Sie das nicht gleich gesagt, Herr Falkenstein? Jetzt sieht Ihre Bewertung doch schon viel besser aus.«

Falkenstein entspannte sich.

»Vorausgesetzt, Ihre Mitarbeiter kritisieren diese Schwäche auch.«

»Worauf warten Sie noch, Achimowitz!?«

## Ein klares Ja zum Widerspruch

Falkenstein kam aufgeregt in mein Büro: »Ich habe gerade mit Breuer wegen dem Upward-Feedback-Projekt telefoniert. Irgendwelche Statistiker von McKinsey beschuldigen mich immer noch, in meiner Abteilung gäbe es zu wenig Widerspruch der Mitarbeiter gegenüber dem Vorgesetzten.«

»Das tut mir leid.«

»Entschuldigen Sie sich nicht für Ihre Ja-Sagerei, das bringt mir gar nichts. Wir müssen nach vorne sehen. Ändern Sie was! Ich verlange Widerspruch von Ihnen und eine eigene Meinung.«

»Ja, da hätte ich ein paar Vorschläge«, sagte ich, und über meinen inneren Monitor huschten die endlosen Zeilen einer endlosen Liste so wie die Passwörter in Hollywoodfilmen, wenn sich der Hacker ins gegnerische System eingeloggt hat.

»Sehr schön, aber die vergessen Sie gleich wieder, wir wollen hier nicht den ganzen Betrieb aufhalten.«

Ich erklärte Falkenstein den Unterschied zwischen zwei unterschiedlichen Meinungen und zwei unterschiedlich formulierten gleichen Meinungen, um schließlich zu empfehlen: »Wir bräuchten ein konkretes Thema, zu dem ich eine andere Meinung habe als Sie.«

»Das weiß ich selbst. Also bitte, machen Sie es nicht so umständlich, welches Thema schlagen Sie vor?«

»Die Budget-Planung könnte was hergeben...«

»Sie wollen mich als Idioten bei der Budget-Planung hinstellen?«

»Es soll ja nur um Alternativen gehen.«

»Zur Wahrheit gibt es keine Alternative.«

»Meine Alternative könnte ja unsinnig sein.«

»Das klingt vernünftig«, sagte Falkenstein, überlegte kurz und schüttelte dann langsam den Kopf. »Andererseits, wie stehe ich da als Chef von Trotteln, die Unsinn vorschlagen?«

»Wir könnten uns auf ein völlig irrelevantes Thema konzentrieren. Da hat es keinerlei Bedeutung, wer welche Meinung hat oder nicht.«

»Sind Sie verrückt!? Die von McKinsey lieben das Irrelevante! Haben Sie sich schon einmal überlegt, wie die zu ihren Aufträgen kommen? Alles Relevante funktioniert ja schon, natürlich aufgrund ihrer glänzenden Consulting-Taten und nicht etwa, weil wir trotz der Umstrukturierung heimlich alles weiter so machen wie bisher. Dann bleibt ihnen nur noch das Lauern auf irrelevante Mücken, die sie dem Vorstand als Elefanten präsentieren können. ›Das Überleben des Konzerns ist gefährdet, denn wir haben diesen mikroskopisch kleinen, scheinbar völlig irrelevanten Aspekt mit unbestechlicher Präzision als sicheren Keim des Niedergangs identifiziert. Glücklicherweise gibt es ein Antiserum.‹ Und dann wird über den Preis für die nächste Umstrukturierungsmaßnahme verhandelt.«

Okay, also *keine* Meinungsverschiedenheit in irrelevanten Fragen. Langsam wurde die Auswahl verdammt klein.

»Warum nehmen wir nicht irgendwas Visionäres oder Strategisches?«, schlug ich vor. »Sie formulieren eine Top-Idee, ich setze die Schwerpunkte etwas anders.«

»Gute Idee. Aber gefährlich. Bei diesem Zukunfts-Zeugs weiß man nie genau, was die da oben wichtig finden und was nicht. Am Ende treffen Ihre Schwerpunkte den Geschmack des Vorstands und wie stehe ich dann da? Als Ewig-Gestriger ohne Fantasie und Imagination!«

»Im Gegenteil!«, sagte ich und legte all meine Überzeugungskraft in diesen letzten Versuch, »Sie sind der Förderer von Ideen, der Mentor, die graue Eminenz, die es zu ihren vornehmsten Aufgaben zählt, aus Tonnen von Kies und Schotter jene auf den ersten Blick unscheinbaren Rohedelsteine herauszu…«

»Ja, ja, genau«, seine Stimme überschlug sich fast, »so machen wir's. Schreiben Sie das sofort auf, Achimowitz!«

# Was Kunden wirklich wollen

> **Falsch:** *Wir liefern saumäßige Qualität ab, weil die Kunden echte Qualität sowieso nicht zu schätzen wüssten. Sollen sie doch zur Konkurrenz gehen, die ist noch schlechter.*
> **Richtig:** *Die Qualität unseres Produktportfolios orientiert sich an den hohen Standards der Kunden und des Marktes.*
>
> Aus: Achimowitz, ›Ratgeber Business-Jargon. Wie sage ich es richtig‹

Im Meeting zum Thema Produktmanagement ging es noch höher her als sonst. Endlich wurden Grundsatzfragen besprochen – ohne Zeitlimit. Jeder konnte sein aufgestautes Fachwissen präsentieren. Von dieser Möglichkeit machten vor allem die Laien Gebrauch.

»Der Kunde interessiert sich nur für den Preis. Wenn es uns gelingt, den Preis zu halbieren, werden unsere Verkaufszahlen nach oben schnellen«, sagte Paulsen.

»Das wird wenig nutzen, denn der Kunde lehnt das Produkt grundsätzlich ab: Er findet es unmodern«, sagte Ströhmer.

»Gerade das schätzt der Kunde. Er verlangt Klassiker.«
»Woher wollen Sie das wissen?«
»Das ist ganz einfach logisch.«

Fischer schaltete sich ein: »Wenn man ihm nur die richtigen Features bietet, kauft er auch was Teures. Und wir müssen ihm vorrechnen, dass die S-Klasse mit allen Extras und Technik-Gimmicks seine Produktivität explodieren lässt und höchst profitabel ist.«

So ging es endlos weiter.

»Ich glaube, der Kunde will . . .«
»Nein, bestimmt nicht . . .«
»Doch!«
»Nein!«
»Doch!«

Ein Glück, dass ich alle Beteiligten beim Betreten des Konferenzraums auf Waffen abgetastet hatte.

»Warum fragen wir die Kunden nicht einfach?«, schlug ich vor.

»Sind Sie verrückt geworden!?«, rief Fischer, unsere Verkaufskanone mit dem unbefleckten Auftragsbuch, entsetzt. »Wollen wir ihm unsere Unsicherheit und Orientierungslosigkeit ohne jede Not offenbaren? Der Kunde erwartet von uns, dass wir wissen, was gut für ihn ist. Er will ein Produkt kaufen, das ihm selbst nicht hätte einfallen können.«

»Aber was ist denn mit dem partnerschaftlichen Austausch der Ideen, dem wechselseitigen...« Meine Worte gingen in allgemeinem Gelächter unter.

»Was glauben Sie, was Ihnen der Kunde erzählt, wenn Sie ihn fragen? ›Lieber Herr Verkäufer, ich bräuchte da dringend ein Produkt, das Sie mit sehr geringem Entwicklungsaufwand schnell und billig produzieren können, mit dem Sie mich in ewige Abhängigkeit von Ihnen, dem Hersteller, bringen und das Ihnen einen hohen Profit beschert, auch weil das Produkt nur mit teuren Original-Verbrauchsmaterialien und Original-Erweiterungsmodulen betrieben werden kann.‹«

»Das wäre schön!«, sagte ein Junior Sales Irgendwas mit träumerischem Blick.

»Der Kunde hasst die Vorstellung, dass wir Geld verdienen. Er hasst jeden Einzelnen von uns, weil wir uns weigern, umsonst zu arbeiten und ihm unsere Sachen zu schenken«, sagte Paulsen.

»Ganz genau«, sagte Fischer, »und vom Kunden hören Sie nur Hirngespinste: Es müsste doch möglich sein..., vielleicht werden wir irgendwann in der Zukunft folgendes Feature einmal pro Jahr brauchen..., eine Gewichtsreduktion von 120 kg auf 3 kg hätte viele Vorteile..., in der Computerindustrie verdoppelt sich die Leistung alle 18 Monate, während gleichzeitig der Preis sinkt..., ich habe hier mal ein hübsches Motiv für eine optimale Frontplatte entworfen, um zu symbolisieren..., vielleicht sollte man das Ding komplett anders machen..., ich habe gehört, dass sich in den USA gerade ein völlig neues System durchsetzt..., es wird ja alles immer kleiner..., und übrigens, wissen Sie schon, demnächst wird Ihre Konkurrenz ja ein Produkt mit allen Schikanen rausbringen, das – ganz ehrlich gesagt – nicht einmal *mir* hätte einfallen können!«

»Leider hat er Recht«, sagte Paulsen.

»Dann fragen Sie den Kunden: Wie viele Ihrer Anregungen hat die Konkurrenz in diesem Wunder-Produkt berücksichtigt? Und er wird antworten: Welche Anregungen? Darauf Sie: Bestimmt haben Sie meiner Konkurrenz Ihre Ideen und Wünsche vorgetragen? Darauf der Kunde: Selbstverständlich, aber deren Spitzeningenieure haben schließlich was Besseres zu tun, als auf einen simplen Kunden wie mich zu hören!«

Als ich die Ergebnisse dem Management vorstellte, sagte ich: »Kundenbefragungen haben ergeben, dass die Kunden im Rahmen der Entwicklung neuer Produkte befragt werden wollen und dann die Produkte des Unternehmens kaufen, das nicht auf sie gehört hat. Sie bevorzugen Produkte, die überraschend sind. Was sollen wir tun?«

Es wurde etwas herumdiskutiert, bis man schließlich zu folgendem Ergebnis kam:

- Kunden um ihre Meinung fragen. Dazu besonders preiswerte Mitarbeiter (Anfänger, Inkompetente, Praktikanten, Verkäufer) einsetzen.
- Um Speicherplatz auf dem Server zu sparen, werden die kumulierten Kundenmeinungen gelöscht.
- Unübersichtliche »Lösungen« entwickeln, die niemand versteht.
- Genialität des eigenen Ingenieursteams durch unverständliche Formulierungen und selbst erfundene Wörter in Prospekten beweisen.
- Auch farbliche Änderungen des Gehäuses als »völlig neuer Ansatz«, »revolutionärer Ansatz« oder »Quantensprung« bezeichnen.
- Folgende Begriffe mindestens einmal pro Seite anwenden: cutting egde, top notch, neu, Durchbruch, kundenorientiert, innovativst, höchstperformant, Benchmark, best practice, aufwärtskompatibel, technology leader, kostensenkend, völlig unproblematisch.

## Der In-House-Wettbewerb

»Wie unterscheiden sich eigentlich die Mitglieder des Ketowski-Teams von uns?«

Wenn Falkensteins Meetings mit einer solchen Frage begannen, wurde es mit jeder Minute ratsamer, nicht anwesend zu sein oder ersatzweise auf jede Art von Antwort zu verzichten.

»Sie machen einen ganz normalen Job, arbeiten 38 Stunden und leisten gelegentlich mal eine Überstunde. So wie wir alle.«

Jeder im Konferenzraum wusste, dass diese Einschätzung wenig mit der Realität zu tun hatte. Bei Ketowski zu arbeiten bedeutete, mit vier Stunden Schlaf auszukommen und jeder Art von Privatleben abzuschwören. Wenn ein Notarzt in die Lobby gestürzt kam, rief er der Rezeption im Vorbeilaufen routinemäßig »Wie immer?« zu, um dann zu Ketowski zu rennen.

»Und dann bekommen die Ketowski-Leute aus heiterem Himmel von der Geschäftsführung eine aufwändige Zusatzaufgabe gestellt – genau dieselbe wie wir.«

Allerdings! Irgendein krankes Gehirn hatte den Gedanken, ein »Muster zur vereinfachten Angebotserstellung nach ISO 9002« am Beispiel einer fiktiven Ausschreibung von 51 Seiten Umfang sowie dazu passend »Einsparvorschläge zur Verbesserung des Projektcontrollings« erarbeiten zu lassen. Die Ketowski-Crew wird genauso über den Job geflucht haben wie wir, vielleicht noch schlimmer.

»Eigentlich haben sie keine Zeit für diese Aufgabe.«

Ganz sicher sogar, denn nicht mal wir hatten die Zeit, und wir hatten alle Zeit der Welt.

»Von der Lust gar nicht zu reden.«

Nicht einmal bekennende Extrem-Masochisten besitzen eine ausreichend ausgeprägte Freude an geistiger Selbstverstümmelung am Schreibtisch.

»Wahrscheinlich vermuten Ketowskis Leute, dass die Aufgabe als Schikane oder als Bestrafung gegen ihren Chef gedacht ist, vielleicht aber auch das Vorspiel ist zu irgendeiner Umstrukturierung oder Verschlankung, die weltfremde Theoretiker von McKinsey zu weltfremden Preisen an weltfremde Vorstände verschachert haben.«

Dieser kluge Gedanke war mir noch gar nicht gekommen.

»Sie gehen davon aus, dass ihre Arbeit vollkommen unnötig ist und direkt nach Fertigstellung in den Mülleimer wandern wird.«

Genauso sahen wir das auch! Falkenstein schien heute den Baum der Erkenntnis komplett abgeerntet und zu Saft verarbeitet zu haben.

»Vielleicht erkennt der eine oder andere von Ihnen den einen oder anderen dieser Gedanken wieder?« Falkenstein lächelte freundlich.

Alle sahen weg. Die Damen wurden rot. Niemand sagte etwas.

»Und wie gehen die Ketowski-Leute unter diesen Voraussetzungen diese zusätzliche Aufgabe an?«

Wahrscheinlich so ähnlich wie wir, nämlich gar nicht, oder genauer: Man machte sich Gedanken um die Formulierung einer guten Entschuldigung mit einem hohen Anteil an tagesaktuellen, profitablen Aufgaben oder außergewöhnlich konkreten Anfragen von nicht näher genannten Kunden, die ja immer vorgehen.

»Nun, meinen Damen, meine Herren? Wie gehen Sie ran?«

Niemand wusste es genau.

»Ich werde es Ihnen verraten«, sagte Falkenstein und das gütige Lächeln verschwand ersatzlos aus seinem Gesicht. »Das Ketowski-Team *platzt* vor Motivation. Jeder im Ketowski-Team macht nach den normalen Überstunden zusätzliche Überstunden. Und wofür? Für ein offenbar unsinniges Projekt, das definitiv im Mülleimer landen wird!«

Eigentlich unerklärlich.

»Und warum tun sie das wohl?« Er warf jedem von uns einen vorwurfsvollen Blick zu. »Weil sie gewinnen wollen. Sie wollen uns ausstechen. Sie wollen mich blamieren. Dafür geben sie alles, deswegen verausgaben sie sich *TOTAL*!«

Alle Mitglieder des Teams sahen sich betreten an.

»Und wir?« Er schlug mit der Faust auf den Tisch. »Was tun wir?«

Längst hatte er die Grenze zum Schreien um etliche Dezibel überschritten.

»Wir sitzen nur auf unseren Sesseln und tun überhaupt nichts!«

Noch nie hatte ich Falkenstein so toben sehen. Er schien von einem Dämon besessen zu sein, der längst dank regelmäßiger Anwendung von Seminaren aus dem Konzern verschwunden sein sollte. Ich blätterte im internen Telefonverzeichnis und suchte die Nummer des Betriebsexorzisten.

»Was haben Sie dazu zu sagen!?«

Ich meldete mich. Alle sahen mich an, als stiege ich sturzbetrunken auf die Balkonbrüstung im 26. Stock. »Langfristig gewinnt der mit den meisten Reserven.«

# Umstrukturierung

In der Kantine entdeckte ich Bernd Köster, mit dem ich mich bei einer Fortbildung zum Thema »Supply Chain Management« angefreundet hatte, weil er seinen Kopf beim Einschlafen immer auf meine Schulter sacken ließ. Ich setzte mich zu ihm.

Ich hatte ihn nicht mehr gesehen, seit der Bereich, in dem er arbeitete, einer radikalen Umstrukturierung unterzogen worden war.

»Das hat die Hälfte der Kollegen den Kopf gekostet«, sagte er.

»Leider sind Konzerne durch den gnadenlosen Wettbewerb gezwungen, Opfer zu bringen. Wenn zehn Menschen in einem Rettungsboot sitzen und der Proviant reicht für fünf, dann hat das Management die Wahl zwischen fünf Toten und zehn Toten.«

»Für mich« – Köster tätschelte seinen enormen Bierbauch – »hatten sie wohl keinen Platz mehr im Massengrab.«

»Trotzdem – die Umstrukturierungsmaßnahmen waren bestimmt auch für Sie eine schlimme Zeit.«

»Eigentlich habe ich die Umstrukturierung mit Begeisterung mitgemacht.«

»Wirklich?« Diese Fähigkeit zur Einsicht in die betrieblichen Notwendigkeiten hätte ich Köster gar nicht zugetraut. Er zeigte Flexibilität, ja Freude am Wandel. Hatte sich Köster vom Seminar-Schläfer zum vorbildlichen Angestellten entwickelt?

»Ist denn Ihr Gehalt *nicht* gekürzt worden?«, fragte ich.

»Natürlich, aber das musste wohl sein. Dafür gab es aber tolle, neue Jobtitles und coole Visitenkarten.«

Unglaublich! Die ideellen Werte zählten für ihn mehr als der schnöde Gehaltsscheck, der ja schon längst eine noch schnödere Überweisung war.

Er erzählte, dass seine gesamte Abteilung zerschlagen und er in ein völlig fremdes Team versetzt worden war. »Wie schrecklich«, sagte ich, »wenn man die Kollegen verliert, die wie eine Familie für einen geworden waren.«

»*Das* hat mir am besten gefallen«, sagte er und strahlte. »Ich habe neue, engagierte Kolleginnen und Kollegen kennen gelernt, mit denen ich mich auch persönlich schnell gut verstanden habe.«

Diese Flexibilität, diese Offenheit! Jetzt war ich wirklich platt. Man sollte Kösters Fall verfilmen.

»Es freut mich, dass sich die Reorganisation für Sie gelohnt hat.«

»Was? Gelohnt? Nein! Ich hasse sie!«, rief er aus.

»Aber ich dachte...«

Seine Miene verdunkelte sich. »Alles fing an, als meine Frau zu mir sagte: ›Bernd, du küsst so anders.‹«

# Der allmächtige Semikolon-Müller

*Man hat uns leider nur am Anfang die Freiheiten gelassen, die wir vor allem am Schluss, als die Kurve dramatisch nach unten zeigte, dringend gebraucht hätten.*

Aus: Achimowitz, ›Ratgeber Versagen. Wie korrigiere ich den Eindruck, dass ich was versiebt habe‹

»Wir haben dieses neue System für 8 Millionen gekauft, das modernste und beste am Markt, und es funktioniert nicht«, sagte der Chef zu seinem EDV-Leiter Müller.

»Selbstverständlich nicht, schließlich ist es neu«, sagte Müller und versprach, dass es bald funktionieren werde.

Zwei Millionen später funktionierte es tatsächlich. »Na endlich, Müller. Ich habe immer fest zu Ihnen gestanden, als ganz oben schon scharf gegen Sie geschossen wurde.«

Das beeindruckte den Unverwundbaren wenig.

Das neue System lief sogar wunderbar.

»Brauchen wir diesen Müller eigentlich noch?«, dachte ein Manager in Gesellschaft anderer Manager laut nach.

»Behalten wir ihn noch ein bisschen, nur zur Sicherheit«, sagte ein anderer wie zum Beweis der Gnadenfähigkeit seiner Kaste.

Zwei Monate später hatte jemand aus dem Marketing eine Idee, wie man irgendeine Profitability steigern könnte – »Fünf Millionen könnten wir einsparen. Man müsste einfach eine Schnittstelle aus der bestehenden Datenbank ...«

»Geht nicht«, sagte Müller.

»*Muss* gehen!«, sagte der Chef von Müller, der sich mit der 5-Millionen-Einsparung – die er natürlich als *seine* Idee verkaufen würde – eine Fahrkarte in die Vorstandsetage zu lösen versprach.

»Aber nur auf Ihre Verantwortung«, sagte Müller und stellte sich genüsslich vor, wie dem Chef die nun folgenden schlaflosen Wochen bekommen würden, wo er doch sowieso was mit dem Herzen hatte.

Natürlich wusste Müller, dass das mit der Schnittstelle reine Fleißarbeit war. Also gehörte der Job auf den Schreibtisch seines Stellvertreters, den er nun in die entscheidenden Details der Aufgabe einwies: »Sie kennen doch die Mafia?«

»Haben wir da die Mehrheit gekauft?«, fragte der Assistent interessiert, denn in den letzten Monaten hatte der Konzern allerlei Firmen geschluckt, die ähnlich viel mit unserem Kerngeschäft zu tun hatten wie das italienische Traditionsunternehmen, teilweise aber über eine schlechtere Reputation verfügten. »Oder hat uns die Mafia geschluckt?«

Müller antwortete nicht.

»Hauptsache, die Mafia arbeitet auch mit SAP!«

»Omertá!«, sagte Müller.

»Diese Software kenn ich gar nicht.«

»Omertá heißt: absolutes Schweigen. Das ist unser oberstes Gebot.«

»Und wenn mich einer fragt?«

»Omertá!«

»Und wenn einer vom Top-Management anruft?«

»Dann sagen Sie einfach ›falsch verbunden‹ und legen auf.«

»Aber ich kann doch so schlecht lügen.«

»Dann gehen Sie eben gar nicht mehr ans Telefon, bis ich es Ihnen wieder erlaube. Und ab sofort ist Schluss mit E-Mails!«

Müller gab seinem Assistenten eine Pappschachtel. »Sie halten mit mir ausschließlich über dieses Funkgerät Kontakt.«

Jeden Tag bekam der Chef Memos:

»Aufgabe schwieriger als befürchtet. Müller.«

Dann: »Aufgabe eigentlich unlösbar. Müller.«

Dann: »Scheitern nicht auszuschließen. Müller.«

Und: »Abbruch wahrscheinlich übermorgen. Müller.«

Dann, mit Rücksicht auf das Kammerflimmern des Chefs: »Scheitern durch geniale Idee knapp abgewendet. Müller.«

Schließlich: »Noch fünf Tage bis Soft Launch. Müller.«
Der Chef ließ sich diesen schicken Ausdruck übersetzen und nahm sich vor, ihn künftig regelmäßig einzusetzen.
Noch vier Tage. Drei, zwei. Einmal werden wir noch wach ... – doch der Chef konnte in der Nacht vor dem großen Tag sowieso nicht schlafen.

Endlich war es so weit. Müller präsentierte das Ergebnis seiner Magie im Büro des Chefs.
»Probieren Sie es aus«, sagte Müller, und der Chef machte, was er immer tat, wenn er vor einer sicherer Blamage stand: »Frau Nussbaum, seien Sie doch so nett. Wir wollen das Ergebnis nicht verfälschen, indem Experten wie beispielsweise ich hier die Testperson spielen.«
Frau Nussbaum klickte in einem äußerst umfangreichen Menü herum und bekam eine Fehlermeldung. »Was soll ich tun?«
»Lesen«, sagte Müller mit exakt derselben Freundlichkeit, die man von den Reklamationssachbearbeitern der Computerdiscounter kennt.
Nussbaum las halblaut vor sich hin.
»Und was soll ich jetzt tun?«
Müller war zufrieden mit der Arbeit seines Assistenten. Was die Unverständlichkeit von Fehlermeldungen betraf, konnte er es mit den Entwicklern von Microsoft aufnehmen. Auch psychologisch hatte er was drauf: Der Verursacher der Fehlermeldung fühlte sich schuldig und dumm. Ein Hauptziel jeder Art von professioneller Programmierung war erreicht.
»Probieren Sie es mit ›Abbrechen‹.«
Sie klickte auf »Abbrechen«.
»Wenn ich ›Abbrechen‹ drücke, kommt ›Okay‹, ›Nein‹ und ›Abbrechen‹. Jetzt drücke ich also ›Abbrechen‹.«
»Nein, damit brechen Sie den Abbruch ab!«
»Jetzt habe ich aber schon ...«
»Das war falsch.«
»Ich sollte doch abbrechen.«
»Also heißt die Antwort ›Okay‹ und nicht ›Abbrechen‹.«

»Aber wenn ich abbrechen soll, dann breche ich ab.«

»Aber doch nicht den Abbruch.« Müller war in seinem Element. »Also, noch mal: Hier kommt das Problem, dann wollen wir ›Abbrechen‹, dann sagen wir ›Okay‹, weil wir das Abbrechen okay finden und das Abbrechen nicht abbrechen wollen. Klar?«

Frau Nussbaums Make-up verschmierte von den Tränen, die sie sich nun aus dem ebenmäßigen Gesicht wischte.

Sie klickte auf »Okay«, was die nächste Fehlermeldung auf den Schirm brachte, eine poetische Verbindung von spezieller »Schutzverletzung« und einem hexadezimal ausgedrückten Speicherbereich, den es natürlich gar nicht gab.

»Hab ich was kaputtgemacht?« Frau Nussbaum versuchte ihre Stimme unter Kontrolle zu halten.

So liebte Müller die Menschen: Würmer ohne jede Kenntnis der BIOS-Version ihres wichtigsten Arbeitsgeräts, unfähig, irgendwas zu patchen oder auch nur die Kolumne »Prozessorgeflüster« im Fachblatt ›c't‹ zu verstehen, hilflos, unterwürfig, ehrfurchtsvoll auf den Monitor starrend, während ihnen die großen Frage immer und immer wieder im Kopf herumwirbelte: Gebet oder Vorschlaghammer?

Müller fragte, völlig entspannt: »Kann ich mal?« Er setzte sich an den Rechner des Chefs, rief ein Eingabefenster auf, das bedrohlich schwarz aussah, und dann erschien grüne Schreibmaschinenschrift, so wie vor 1980.

»Die alte Datenbank hätte man lieber wegwerfen sollen«, murmelte er und sagte noch etwas Unzusammenhängendes von »Java-Engine«, »ABAB« und »XML-Architektur«. Er gab kryptische Kommandos ein, Zeilen huschten über das Fenster.

Der Chef schwitzte, denn er hatte andere Chefs zur Vorführung eingeladen. Das würde er nie wieder tun. »Oh, das sind aber leckere Kekse«, sagte er mit einem Enthusiasmus, der stark mit seinem kreideweißen Gesicht kontrastierte, »wo haben Sie die denn her, Frau Nussbaum? Noch einen Kaffee, die Herren? Zucker, wie viel genau, gestrichen, gehäuft, halb leer, oder soll ich Ihnen Würfelzucker holen lassen ...?«

Unter den Gästen machte sich nervöse Unruhe breit.
»Darf man hier rauchen?«
Müllers Chef hörte, wie Müller auf die Tastatur einhackte, und rechnete damit, dass die Lautsprecher seines PC gleich verkünden würden: »Alarmstufe rot. Bitte verlassen Sie sofort das Gebäude. Ihre Karriere zerstört sich selbsttätig in vier Minuten und 55 Sekunden.«
»So«, sagte Müller, »funktioniert.«
Der Meister führte das Programm höchstpersönlich vor. Er startete 100 komplexe Eingabemasken über Tastaturbefehle, um sie gleich wieder verschwinden zu lassen, kurz unterbrochen von Pop-up-Fenstern, die Sekundenbruchteile später wieder geschlossen wurden, bevor jemand ihren Sinn erahnen konnte. Listen tauchten auf, Verzeichnisse, Verlaufs-Animationen für jeden Ladevorgang, alles ging rasend schnell und hätte alles Mögliche bedeuten können, aber auch dessen Gegenteil.
»Tja«, sagte Müller, »mit diesem kleinen Eingriff hätten wir beispielsweise 131 000 Euro gespart.«
Einer sagte: »Verstehe.«
Die anderen verzichteten auf derart dreiste Lügen, waren aber so begeistert, als hätten ihre Neue-Markt-Aktien in diesem Moment das Kursniveau von Dezember 1999 zurück gewonnen. Wie die Kikujus beim ersten Kontakt mit einem Taschenspiegel, dachte Müller und fragte sich, warum es ihm bislang noch nicht gelungen war, sich an diesen Primitiven zu bereichern.

Kaum hatten sich die hohen Gäste verabschiedet, waren Müller und sein Chef allein. »Ich schulde Ihnen was, Müller. Wann immer Sie was brauchen oder ein Problem haben. Ich bin Ihr Freund.«
Dann fragte der Chef: »Nur aus Neugier, Müller: Wie haben Sie das eigentlich hingekriegt?«
»Das Wunder, meinen Sie?«
Der Chef nickte ehrfürchtig.
»Das würden Sie sowieso nicht verstehen.«
So was Ähnliches hatte sich der Chef schon gedacht.

Beim nächsten Meeting begrüßte der Chef »seinen« Müller, obwohl der reichlich verspätet eintraf, überaus freundlich mit einem »Wunderbar, da ist ja unser Genie« und vollstreckte Müllers Vorschläge gegen jedes noch so demokratische Team-Votum.

Dies wurde zur Gewohnheit.

Bei einem dieser typischen Meetings rund um marginale EDV-Probleme meldete sich ein junger Mann zu Wort, der neu im Team war. »Ich habe Informatik studiert«, sagte er und wandte sich dann der Ketzerei zu. »Und daher meine ich, dass man es anders machen sollte als Müller vorgeschlagen hat.«

Was?!

Brutus, du feiger Meuchelmörder von der Fachhochschule! Du wagst es! Du, der du dein Leben dem Wachstum der EDV-Abteilung unter Müller zu verdanken hast!?

»Wir notieren das.« Vielleicht gleich in der Spalte »Todesurteil«? Aber Müller sollte vorher entscheiden dürfen, ob er den Knaben von der Fachhochschule in einem Schaukampf als Fallobst benutzen wollte.

Müller besaß inzwischen zwei chefmäßige Vorrechte: Er durfte sich verspäten und er durfte mitten im Meeting grußlos gehen.

In perfekter Verschmelzung beider Meeting-Privilegien erschien Müller gern in Form eines Memos samt Vorleser: »Müller sagt«, begann der Praktikant die Zettel-Lesung, und schon unterbrach ihn der Chef: »Und wenn *Müller* das sagt...«

Alle nickten. Sein Wille geschehe.

Alle drei Monate wollten alle Chefs, nicht nur Müllers Chef, etwas von »ihrem« Müller geboten bekommen. Wegen der morgendlichen Drohung seiner Frau, ihn andernfalls zu verlassen, trug er zu diesen Anlässen den Boss-Anzug, den sie ihm hinter seinem Rücken gekauft hatte.

»Wie sehen Sie die langfristigen Perspektiven im IT-Bereich, Müller?«, fragte der jüngste der Chefs, und fünf Minuten später war man – wie immer – bei praktischen Fachfragen angelangt: »Soll ich mit dem Kauf eines DVD-Brenners noch etwas warten?« – »Kann man No-Name-Notebooks trauen?« – »Wie kann ich den Ordner mit meinen Fotografien vor dem Zugriff durch die Kinder schützen?« – »Sie haben Kinder?« – »Ich meine, *wenn* ich welche hätte.«

Zum Ausstieg sagte Müller, wie immer bei dieser Art von Meetings, etwas Visionäres: »Noch reicht ein einziges falsch gesetztes Semikolon, um einen ganzen Konzern lahm zu legen. Die größte Herausforderung der IT sind Systeme, die ihre eigenen Fehler erkennen und beheben. Davon träumen wir.«

Kaum war Müller gegangen, entwickelte sich ein Gespräch zwischen den Managern: »Kann es sein, dass jemand die große Vision hat, sich selbst überflüssig zu machen?«

Angeregt wurde anschließend Müllers Persönlichkeitsstruktur bis tief in den Häppchen-Teil des Sitzungsmarathons hinein diskutiert. Dann stellten sie Müller in eine Reihe mit Gandhi.

Auf dem Neujahrsempfang des Bundespräsidenten traf der Chef vom Chef von Müllers Chef, seines Zeichens Vorstandsmitglied, den Vorstand eines anderen Konzerns.

»Wir tanzen auf einem Vulkan«, sagte dieser Vorstand zu unserem Vorstand.

»Wieso?«

Was er jetzt gleich sage, das habe er von berufenster Seite erfahren, sagte der fremde Vorstand und versicherte, es handele sich dabei um eine Art Geheimnis: »Unsere Wirtschaft ist unvorstellbar verletzlich. Ein einziges falsch gesetztes Semikolon, und wir können unseren Laden dichtmachen.«

*Ihr* vielleicht, dachte sich der Chef vom Chef von Müllers Chef zufrieden, *wir* nicht. Er hatte Müllers private Handy-Nummer.

# Leadership by Emotions

Abteilungsleiter Falkenstein durfte übers Wochenende an einem Seminar über »Emotional Management Intelligence« teilnehmen. EMI war ein neuer Management-Trend, der in den USA sensationelle Erfolge bei der Personalführung erzielt hatte.

Montags ging ich in sein Büro und fragte ihn neugierig: »Welche Erkenntnisse haben Sie aus dem Seminar mitgebracht?«

»Human Capital setzt die Maßstäbe. Die Zeit der gefühlskalten Technokraten ist ebenso vorbei wie die des Tyrannen mit seinen demotivierenden Wutausbrüchen.«

»Und haben Sie herausgefunden, *wer* Sie gefeuert hat, Herr Falkenstein?«

Ich würde ihn vermissen, denn irgendwie hatte ich sie lieb gewonnen, sein gefühlskaltes Technokratentum und seine Wutausbrüche.

»Wer heute erfolgreich führen will, muss menschlich sein und Gefühle zeigen. Das gilt auch für mich.«

Offenbar hatte man ihm eine letzte Chance gegeben.

»Wie wollen Sie das schaffen?«

»In diesem wundervollen Seminar habe ich gezeigt bekommen, wie ich im tiefsten Herzen schon immer führen wollte: Leadership by Emotions«, sagte er theatralisch. »Ich werde alle Mitarbeiter einladen, zutiefst menschliche Emotionen in ihrem empfindungsfähigen Management hervorzurufen. Ich werde mich dann zu diesen Emotionen bekennen und sie offen zeigen.«

Noch konnte ich mir wenig unter Leadership by Emotions vorstellen. »Wie wird das praktisch aussehen?«

»Erregen Sie mein Mitleid – durch Inkompetenz. Bringen Sie mich mit Ihren Vorschlägen zum Weinen. Erschrecken Sie mich mit Ihren drittklassigen Ausreden.«

»Ja, aber bestimmt geht es beim Leadership by Emotions vor allem um *positive* Emotionen!«

»Beglücken Sie mich mit Ihrer Kündigung!«

# Der Achimowitz-Motivations-Workshop

> **Falsch:** *Weil die Kunden uns mit ihren dauernden Nörgeleien ständig auf den Keks gegangen sind, haben wir die Qualität von saumäßig auf schlecht erhöht. Vielleicht läßt sich das irgendwann rückgängig machen. Eine entsprechende Projektgruppe ist bereits eingesetzt.*
> **Richtig:** *Qualität ist ein ständig fortschreitender Prozess, bei dem wir im Dialog mit dem Kunden substanzielle Fortschritte erreicht haben. Gerade hier zeichnen sich positive Perspektiven für das Unternehmen ab.*
>
> Aus: Achimowitz, ›Ratgeber Business-Jargon. Wie sage ich es richtig‹

Dienstag, 15 Uhr 30. Zu meinem wöchentlichen Motivations-Workshop waren diesmal sechs Teilnehmer erschienen, die mehr aus sich und ihrem Leben machen wollten – teilweise freiwillig, die anderen fünf auf Anweisung ihres Vorgesetzten.

»Sie wollen Erfolg?«

»Ja«, flüsterten ein paar Teilnehmer schüchtern im Chor.

»Ich kann Sie nicht hören.«

»Ja.«

»Ich kann Sie nicht hören.«

»Ja.«

Ich nahm mir vor, das Handbuch für Laienprediger noch einmal genauer durchzuarbeiten.

»Wenn Sie wirklich Erfolg wollen, dann sagen Sie es! Wollen Sie den Erfolg?«

»Ja«, antworten die Seminarteilnehmer in Form eines kollektiven Gemurmels. Es klang noch immer erbärmlich.

»Das war schon viel besser!«, sagte ich.

Erfolg wollten sie alle, aber keiner hatte eine Idee, was man tun musste, um ihn zu erzielen.

»Dann frage ich Sie: *Warum* haben Sie keinen Erfolg?«

Gute Frage. Alle dachten angestrengt nach. Jedem fielen unzählige Gründe ein.

»Weil Sie zu faul sind?«

Die Gemeinde quälte ein müde gelogenes »Nein« hervor.
»Weil Sie zu inkompetent sind?«
Auch diesen Erfolgsverhinderer stritten sie ab – wider besseres Wissen.
»Genau! Denn Sie sind fleißig!«
Alle nickten vorsichtig. Jeder erinnerte sich an irgendeinen Tag in den letzten Wochen, an dem er drei Stunden gearbeitet hatte. Die Stimmung besserte sich.
»Und Sie sind kompetent!«
Mit etwas Nachdenken fiel jedem jemand ein, der noch weniger Ahnung hatte als er selbst. Die ersten Teilnehmer strahlten.
»Wahnsinn! Sie bringen alle Voraussetzungen für den Erfolg mit!«
Inzwischen saßen alle gerade auf ihren Stühlen. Noch ein paar packende Sprüche mehr, und Stolz und Selbstbewusstsein würde über sie kommen wie der Heilige Geist.
»Deshalb frage ich Sie: Warum haben Sie trotzdem keinen Erfolg?«
Tja? Leider eine sehr gute Frage. Wenn wir das nur wüssten. Eigentlich unerklärlich. Verschwörung? Pech?
»Ich werde es Ihnen verraten!«
Das wäre der optimale Moment, um einen Hut rumgehen zu lassen.
»Weil Sie sich dem Erfolg verweigern!«
Was? Verweigern? Ich? Kann nicht sein!
»Das Glück klopft an Ihre Tür, aber Sie bleiben sitzen, denn Sie können sich nicht vorstellen, dass Sie Glück haben. Sie bekommen eine handfeste Chance nach der anderen, aber Sie schlagen jede einzelne aus, weil Sie pessimistisch sind.«
Jetzt war der ideale Zeitpunkt für das gute alte Glas Wasser gekommen: »Für Sie ist das Glas Wasser halb leer, das eigentlich halb voll ist.«
Wir hatten nur eine Stunde, und die Diskussion war das Wichtigste, daher kam ich jetzt zum Motto der Woche: »Und darum rufe ich Ihnen allen zu: Gib diesem Tag die Chance, der beste in deinem Leben zu werden!«

Ich setzte mich und wartete auf Fragen.

Luchmann meldete sich zu Wort: »Heute Morgen hat mich meine Frau verlassen. Auf dem Weg ins Büro habe ich ein Schulkind anfahren. Aus einer irregeleiteten E-Mail, die ich mittags empfangen habe, geht hervor, dass mein Chef mich für einen Vollidioten hält und loswerden will. Wie soll dieser Tag der beste in meinem Leben werden?«

Ich lächelte ihn direkt an und sagte: »Bis Mitternacht kann noch viel passieren!«

## Wessel fotografiert sich nach oben

Ich traf Wessel, als er den Streit um die Echtheit einer Ein-Euro-Münze im Kickboxen gegen den Cola-Automaten verlor.

Er hatte das karierte Hemd so geschickt mit Lederkrawatte und Polyesterhose kombiniert, dass sein Outfit ihm sicheren Schutz gegen jede Art von Karriere bot. Typisch Wessel.

Sein Schreibtisch wurde jedem neuen Mitarbeiter als wichtigste Sehenswürdigkeit der Hauptabteilung gezeigt. »Wow, und in diesem vermüllten Chaos kann ein Mensch arbeiten?« – »Erstens: kein Mensch, sondern Wessel. Zweitens: Arbeiten ist das falsche Wort.«

»Hallo, Herr Wessel«, sagte ich fröhlich, »schön, Sie zu sehen!«

Er murmelte etwas, das ich für einen Gruß hielt, und wandte mir kurz sein Gesicht zu. Jemand mit einem schlechteren Immunsystem als ich hätte sich in diesem Moment unheilbar mit »Innerer Kündigung« infiziert.

»Wie geht's?«, fragte ich aufmunternd. Als ich seinen Blick sah, fügte ich schnell hinzu: »Keine Angst, ich bin nicht auf der Seite des Automaten. Die Konzernführung übrigens auch nicht, denn einer der Kernsätze unserer Unternehmensphilosophie lautet: ›Der Mensch steht im Mittelpunkt.‹«

»Wie soll's schon gehen?«, sagte er mürrisch.

Ich empfand Wessel als einen persönlichen Angriff auf meine Ideale. Er war der personifizierte Versuch, die Gesetze der Motivation und Selbstverwirklichung zu widerlegen. Gegen seine Kontrahaltung sah ich nur ein Mittel: »Was können wir tun, damit es Ihnen *noch* besser geht?«

»Nichts.«

»Toll, daß Sie Ihre eigenen Ideen so präzise und pointiert formulieren. Das zeigt Ihre prinzipiell positive Einstellung.«

Die gesamte Hauptabteilung mochte Wessel für motivationsresistent halten, doch die kannten den Inhalt meiner Trickkiste nicht.

»Aber sind Sie nicht ein bisschen zu bescheiden?«, fragte ich.

Er zuckte nur mit den Schultern.

»Ein talentierter und humorvoller Mann wie Sie sollte nach den Sternen greifen. Die Welt könnte Ihnen zu Füßen liegen. Sie müssen nur wollen!«

»Alles, was ich will, geht sowieso schief.«

»Dann brauchen Sie nur ein paar handfeste Erfolgserlebnisse. Schon sind Sie ein ganz anderer Mensch.«

»Wenn das so einfach wäre«, sagte er und seufzte.

»Es *ist* so einfach! Nehmen Sie mich zum Beispiel. Als heute Morgen der Wecker um halb sieben klingelte, wachte ich auf und sagte mir: ›Wow, ich habe den Wecker gehört!‹«

»Na super«, sagte Wessel ohne jede Begeisterung. »*Ich* finde, von einem Erfolgserlebnis kann erst die Rede sein, wenn man eine sichtbare und vorzeigbare Leistung erbracht hat.«

»Dieser kluge Einwand, Herr Wessel, belegt eindringlich, dass Sie sich schon intensiv mit dem Thema auseinander gesetzt haben, Herr Wessel«, sagte ich mit allem Enthusiasmus und war sicher, dass die mehrfache Erwähnung seines Namens ihn für meine Botschaft noch weiter öffnen würde.

»Wecker gehört!« Er lacht einmal ganz kurz und trocken. Dann wandte er sich ab.

»Gleich nach dem Aufstehen habe ich mein Bett gemacht«, sagte ich, »und es sieht wunderschön aus.«

»Ach wirklich?«, sagte Wessel über die Schulter.

»Hier sind die Fotos!«

Ich gab ihm die Polaroids.

»Vorher.«

Er betrachtete sie sorgfältig.

»Und – nachher.«

Er sagte nichts, aber ich hatte das Gefühl, diesmal mit Wessel einen kleinen Schritt weitergekommen zu sein.

Zwei oder drei Tage später lief mir Wessel zufällig auf dem Flur über den Weg. »Wollen Sie mal sehen?«, fragte er mich im Verschwörerton.

»Was denn?«

Wortlos zeigte er mir Fotos seines Betts.

»Wunderschön«, sagte ich, »besonders die vielen Donald-Duck-Kissen. Nur weiter so!«

Er wurde ganz verlegen.

Bei unserem nächsten Treffen wurde ich den Verdacht nicht los, dass er mir aufgelauert hatte. Sofort hielt er mir Fotos vors Gesicht. »Und, wie finden Sie es?«, fragte er ungeduldig.

Ich konnte zuerst nicht erkennen, was dargestellt war: Eine runde, glatte, weiße Form, auf der zwei ebenmäßige, hellbraune Quader lagen, die von etwas glänzendem Roten umgeben waren.

»Habe ich selbst gekocht.«

Natürlich! »Fischstäbchen mit Ketchup?«

Er nickte stolz.

»Wie aus dem Feinschmecker-Magazin«, sagte ich.

»Man muss nur wollen!« Seine Wangen glühten und er schien für einen Moment glücklich zu sein.

In den nächsten Wochen sah ich Fotos von Mosaiken aus Gummibärchen und schließlich den Schnappschuss eines leeren Schreibtisches. »Über drei Stunden habe ich daran gearbeitet«, sagte Wessel.

»Alles, was in den prächtigen Fotobänden so leicht und zufällig aussieht, ist das Ergebnis harter Arbeit.«

»Sollte ich auf Schwarz-Weiß umsteigen? Dann wirkt es noch künstlerischer.«

In der folgenden Woche erschien mir Wessel besonders gut gelaunt. Er hatte einen schier unerschöpflichen Bereich für Erfolgserlebnisse entdeckt: die Welt der Hausfrau. Das erste Bild dieser Serie zeigte den Inhalt seines Wäscheschranks: »Alles selbst gebügelt.«

Als ihm die Kosten für die Entwicklung der Fotos über den Kopf wuchsen, besorgte er sich eine Digitalkamera und präsentierte mir von nun an die Fotografien seiner Erfolgserlebnisse mit Powerpoint von der CD.

Von einem auf den anderen Tag gab es keine Wessel-Fotos mehr. Wessel schien verschwunden zu sein. Wie sich herausstellte, war er verschwunden. Niemand wusste Genaues, aber es hieß, er habe irgendwo einen besseren Job bekommen. Einige, die länger mit ihm zusammengearbeitet hatten, vermuteten ihn in der Gosse.

Sechs Wochen später: In einem Briefumschlag ohne Anschreiben fand ich das Foto einer Sammlung von Fotoalben, »Meine Erfolgserlebnisse« römisch eins bis vierzehn. In der Woche drauf landete das Foto einer recht gut aussehenden Frau auf meinem Schreibtisch, die vor einem Gebäude posierte, das aussah wie ein Wahrzeichen. In der folgenden Woche Fotos der gleichen Frau, diesmal im Bikini. Wieder eine Woche später Wessel und sie auf demselben Bild – beide nackt.

Nach einem Jahr Funkstille kamen die letzten drei Bilder: Wessel mit Mercedes vor einem villenartigen Einfamilienhaus mit Garten; Wessel auf seiner Motorjacht; Wessel, nobel gekleidet, auf dem Chefsessel. Im Hintergrund seines repräsentativen Büros sah ich deutlich eine moderne Skulptur, einen Cola-Dosen-Automaten, der offenbar Bekanntschaft mit einer Schrottpresse gemacht hatte.

Ich lehnte mich in meinem Drehstuhl zurück und sah auf das Plakat an der Wand meines Büros: »Auch der längste Weg beginnt mit einem ersten Schritt.« Es hatte wieder mal Recht behalten.

## Die Gehaltserhöhung

»Sie wollen also eine Gehaltserhöhung?« Dr. Breuer hob die Augenbrauen.

»Schauen Sie sich unser glänzendes Quartalsergebnis an!«, sagte ich. »Noch nie haben wir einen so hohen Gewinn erwirtschaftet. 2 018 940,53 Euro!«

»Wie kam es zu diesem Ergebnis?«

»Die Kunden haben uns die Produkte aus den Händen gerissen.«

»Fantastisch! Und nun wollen Sie dafür belohnt werden.«

Ich lächelte bescheiden und wandte den Blick nach unten.

»Sie haben höchstes Lob und grenzenlose Anerkennung geerntet. Sind stolz und können es auch sein. Sie genießen den Rausch des Erfolgs. Und jetzt wollen Sie auch noch mehr Gehalt!?«

»Äh, ja, also, äh ...«

»Wie sieht das in den Augen der Kollegen aus, die sich tagein tagaus wacker bemüht haben – *ohne* Erfolgserlebnis? Die trotzdem nicht aufgegeben haben, auch wenn man ihnen nichts aus den Händen riss, sondern nur Reklamationen schickte!?«

So hatte ich das noch nie gesehen.

»Kennen Sie eigentlich den Ausdruck ›Solidarität‹? Wir sind eine große Familie. Wir müssen hier zusammenhalten. Wir haben eine gemeinsame Mission.«

Ich hatte ein verdammt schlechtes Gewissen und entschuldigte mich für meine Taktlosigkeit. Ich holte meine Brieftasche aus dem Jackett und gab Dr. Breuer einen 100-Euro-Schein. »Verteilen Sie das bitte gerecht unter den Losern.«

»Wenn Sie wollen, könnte ich auch dafür sorgen, dass Ihr Gehalt um ein paar Prozent gekürzt wird.«

»Das würden Sie wirklich für mich tun?«

# Achimowitz-Consulting – McKinsey für Arme

Irgendwie hatte es sich rumgesprochen, dass ich gerne Ratgeber lese und an das Gute in der Wirtschaft glaube. Sogar unser Strategievorstand Dr. Dr. Hermann musste davon gehört haben, denn er wollte sich mit mir unterhalten, als wir eines Nachmittags gemeinsam im Fahrstuhl stecken geblieben waren. Als wir feststellten, dass wir die Vision der absoluten Weltherrschaft teilten, war das Eis gebrochen. Schnell entdeckten wir gemeinsame Hobbys wie Überstunden und das Anlegen neuer Ordner.

Jedenfalls plauderten wir, während das Rettungsteam den Fahrstuhlschacht aufmeißelte.

Mich erstaunte, dass er über die Hälfte meiner Motivationssprüche noch nie gehört hatte. Aber sie schienen ihm noch eine Spur besser zu gefallen als meine Interpretation der Management-Theorien der letzten 20 Jahre.

»Wollen Sie nicht gehen?«, fragte ich, als wir eine Stunde nach erfolgreicher Befreiung immer noch in der Liftkabine standen.

»Oh, ja, natürlich. Ich habe Ihnen ganz fasziniert zugehört und darüber wohl die Zeit vergessen. Das passiert mir sonst nur, wenn mich die von McKinsey – ich sag das jetzt mal ganz salopp – voll quatschen.«

»Vielen Dank, Herr Dr. Dr. Hermann. Sie machen mich ganz verlegen.«

»Warum machen *Sie* eigentlich nicht in Consulting?«

»Hobbymäßig habe ich seit Jahren ...«

»Das bauen wir aus. Erst im Kleinen, und dann sehen wir weiter.«

Keine Ahnung, auf welchen Wegen Rat Suchende von mir erfuhren, aber jedenfalls bekam ich vom nächsten Tag an Consulting-Anfragen per E-Mail.

## Was kann man als Versager tun, um erfolgreich zu werden?

*Frage:*
In einem Motivations-Seminar habe ich gelernt, dass ich, um Erfolg zu haben, an mich selbst glauben muss. Das kann ich aber nicht, denn ich bin ein kompletter Versager. Was soll ich tun?
(Frage von Rudolf E. aus I.)

*Achimowitz antwortet:*
Wie Sie schreiben, halten Sie sich für einen »kompletten Versager«.
Schauen Sie in den Spiegel und sagen Sie zu sich: »Ich bin ein kompletter Versager. Ich bin sogar ein totaler, nicht mehr zu toppender Superversager!« Sagen Sie diese Sätze immer wieder vor sich hin.
Bleiben Sie konzentriert und ernst.
Sie sind ein totaler Versager.
Lassen Sie dieses Gefühl zu.
Sie sind ein Versager, aber darin sind Sie vollkommen! Unschlagbar!
Bewahren Sie dieses Gefühl der Perfektion, des Number-One-Seins, in Ihrem Herzen und wenden Sie es in einem anderen Zusammenhang an. Beim Bewerbungsinterview beispielsweise, bei der Präsentation oder gegenüber Ihrem Chef.
Sie werden sehen, dass wie durch Zauberhand alle Ihre Träume Wirklichkeit werden.
Und zum Schluss: Halten Sie sich vor Augen, dass die meisten Ihrer Chefs auch als komplette Versager vor dem Spiegel angefangen haben!
Herzlichst, Ihr
Achimowitz

**Das Überstunden-Karussell**

*Frage:*
Überstunden gehören bei uns zum guten Ton. Wer nicht bis mindestens 20 Uhr bleibt, gilt als faul und unmotiviert. Soll ich mich am hausinternen Wettbewerb »Wer macht die meisten Überstunden« beteiligen?
(Frage von Jörg O. aus S.)

*Achimowitz antwortet:*
Selbstverständlich machen Sie **keine** Überstunden, denn das belastet psychisch und physisch – bis hin zur Gefährdung Ihrer Arbeitskraft. Damit ist doch niemandem gedient!
Leisten Sie stattdessen lieber freiwillige Aufbauschichten, denn deren Freiwilligkeit sorgt dafür, dass Sie hervorragend motiviert sind und auch viel mehr schaffen als in der gleichen Anzahl Überstunden.
Weiterer Vorteil für Sie persönlich: Weil freiwillige Aufbauschichten ohne Entgelt geleistet werden, steigt der Gewinn Ihres Arbeitgebers, so dass es endlich wieder Spielraum für Gehaltsanpassungen gibt – Sie müssen also bei der nächsten Gehaltsrunde noch weniger Einbußen hinnehmen als erwartet.
Herzlichst, Ihr
Achimowitz


**Innere Kündigung mit Stil**

*Frage:*
Auf mir lastet die Verantwortung für praktisch alles, was mit der konzerneigenen EDV zu tun hat. Ich bin der wichtigste Mann und arbeite am meisten. Aber meine Leistung wird nicht geachtet, im Gegenteil. Die Chefs schütten mich mit immer mehr Aufgaben zu und pöbeln mich an, wenn ich nur für drei statt für vier arbeite. Ich weiß

nicht, wie es weitergehen soll. Ich habe schon vor Monaten innerlich gekündigt. Was soll ich tun?
(Frage von Heiko F. aus K.)

*Achimowitz antwortet:*
Ganz ähnlich wie bei der klassischen Kündigung müssen auch bei der inneren Kündigung nicht nur Fristen eingehalten werden. Erst die penible Beachtung einiger zusätzlicher Formalitäten machen die innere Kündigung zu einem persönlichen Erfolg.
Seien Sie bei Ihrem Abschied fair und räumen Sie in Ihrem Einflussbereich das Daten-Chaos auf. Gerade wenn Sie sich in den letzten Jahren Ihrer Tätigkeit erfolgreich um Unfähigkeit bemüht haben und Ihnen in dieser Beziehung mehrfach die aufrichtige Anerkennung der Geschäftsleitung ausgesprochen worden ist, wird man sich an höherer Stelle sicherlich über die rückstandsfreie Löschung der von Ihnen verursachten Daten auf dem zentralen Konzern-Server freuen.
Was gerade Kleingeistern und Ewig-Gestrigen als Akt der Sabotage erscheinen mag, ist doch der letzte dankbare Liebesdienst an einem Unternehmen, dessen Innovationsstau Sie mit einem schlichten ALT-F4 beenden.
Herzlichst, Ihr
Achimowitz

**Das räumliche Betriebsklima optisch optimieren**

*Frage:*
Ich habe keine Wohnung und lebe daher seit zwei Jahren im Büro. Jetzt möchte ich das Ambiente mit fröhlichen Farben gestalten, um effektiver arbeiten zu können. Wie soll ich vorgehen?
(Frage von Thomas P. aus M.)
*Achimowitz antwortet:*
Die besten Erfolge erzielen Sie mit Alpina-Weiß, weil es

über besondere Deckkraft verfügt. Meist ist es aber nicht allein die Farbe, sondern auch der Grundriss des Gebäudes, der das Wohlbefinden der Top-Performer im Unternehmen entscheidend beeinflusst. Denken Sie also über Mauerdurchbrüche nach. Das Wochenende ist eine gute Zeit, um solche Maßnahmen unbürokratisch durchzuführen. Moderne Bürohäuser verfügen über keine tragenden Wände. Sie können also Ihre Arbeitsumgebung mit relativ wenig Sprengstoff optimieren. Holen Sie sich aber vorher das Okay Ihres Vorgesetzten.
Herzlichst, Ihr
Achimowitz

**Wer ist der Letzte im Büro?**

*Frage:*
Wir haben trotz Wirtschaftskrise unvorstellbar viel zu tun. Vom Typ her kann ich nicht anders, als die Ärmel hochzukrempeln und loszuarbeiten – manchmal grenzt das an Besessenheit. Regelmäßig bin ich abends der Letzte im Büro. Wie kann ich diesen untragbaren Zustand ändern?
(Frage von Klaus-Ullrich W. aus K.)

*Achimowitz antwortet:*
Führen Sie Ihre Kollegen mit viel Einfühlungsvermögen an die Vorteile der abendlichen und nächtlichen Überstunden heran. Die Methode Ihrer Wahl heißt »Appetit kommt beim Essen« und stammt aus den USA. Wichtig ist, dass Sie die Nachtarbeits-Novizen für ihren Fleiß und ihre Erfolge loben, wenn Sie sie am nächsten Morgen treffen. Bei den ersten zwei oder drei Einsätzen sollten Sie sich auch dafür entschuldigen, dass Sie die Kollegen abends »irrtümlich« eingeschlossen hatten.
Herzlichst, Ihr
Achimowitz

**Perspektiven bei Kündigung**

*Frage:*
Die Hälfte unserer Belegschaft soll entlassen werden. Ich werde wohl auch dabei sein. Wie soll ich nun die vielen Schulden für unser viel zu großes und luxuriöses Haus bezahlen?
(Frage von Bernd M. aus Z.)

*Achimowitz antwortet:*
Sie haben das große Glück, dass Sie, ohne die Hürden der Selbstmotivation nehmen zu müssen, aus einem Unternehmen mit wenig Perspektive ausscheiden dürfen.
Doch damit nicht genug: Mit der Entscheidung für die Finanzierung eines überdimensionierten Hauses haben Sie den entscheidenden Grundstein für Ihre Zukunft gelegt: Sie sind gezwungen, sich einen Spitzenjob mit einem fantastischen Gehalt zu suchen. Was für eine wundervolle, beneidenswerte Herausforderung!
Als Idealbeispiel des karrieristischen Glückskindes würde ich Sie bezeichnen, wenn Sie zusätzlich über eine repräsentationsorientierte Partnerin verfügen, die Ihnen täglich glaubwürdig versichert: »Ich habe nichts anzuziehen.«
Ganz wichtig ist in der augenblicklichen Lebensphase das Gefühl von Dankbarkeit.
Herzlichst, Ihr
Achimowitz

**Der ideale Investment-Mix**

*Frage:*
Nachdem ich meine Anteile an einer hochprofitablen Fernsehproduktionsfirma verkauft habe, muss ich acht Millionen Euro sinnvoll anlegen. Welchen steuersparenden Investment-Mix würden Sie mir empfehlen?
(Frage von Ludwig T.-L. aus K./T.)

*Achimowitz antwortet:*
Legen Sie das Geld auf Ihrem Girokonto an und erteilen Sie einen Dauerauftrag in Höhe von einer Million Euro pro Tag auf ein zweites Girokonto bei einer anderen Bank. Diese zweite Bank beauftragen Sie ein paar Tage später mit der täglichen Überweisung von einer Million auf das erste Girokonto.
Künftig können Sie jeden Morgen vor der Arbeit beide Geldinstitute besuchen, jeweils einen neuen Kontoauszug drucken und sich über Ihr Streu-Vermögen freuen. Außerdem haben Sie ein tägliches Einkommen von einer Million Euro.
Und on top: Es fällt kein Euro Steuern an, weil Ihnen beide Banken jegliche Zinsen ersparen. Aber Achtung: informieren Sie sich vorher, ob diese Konditionen auch bei Ihrer Bank gelten.
Herzlichst, Ihr
Achimowitz

**Niedrig-performante Human Resources**

*Frage:*
Nach fast zwei Monaten Betriebszugehörigkeit wurde ich nicht etwa befördert, sondern vielmehr gestern gefeuert. Als Begründung dieser Kündigung aus »Wichtigem Grund« wurde »Unfähigkeit« genannt. Wie soll ich das verstehen?
(Frage von Stefan S. aus K.)

*Achimowitz antwortet:*
Vielfach verkennen veraltete Management-Konzepte die große Bedeutung des »Low-Performers« in Unternehmen ab mittlerer Größe. Der Versager dient den Durchschnittsangestellten als Motivationsträger, denn niemand gibt ihnen nachhaltiger die Sicherheit, etwas zu können, und damit das Zutrauen, auch die Aufgaben mit Enthusiasmus anzugehen, die jenseits ihrer Fähigkeiten und definitiv außerhalb der vereinbarten Arbeitszeit liegen.

Bei den Sekretärinnen beugt die Implementation eines geeigneten Low-Performers dem gefürchteten evolutionsbiologischen Entfremdungseffekten vor, indem er ihnen Gelegenheit zu Mitleid und Bemutterung bietet, ihnen oftmals sogar die für das Unternehmen kontraproduktive Schwangerschaft erspart.

Moderne Menschenführung bedeutet, auf den optimalen Versager-Anteil innerhalb der Belegschaft zu achten und Versager langfristig an das Unternehmen zu binden.

Allerdings ist es nicht immer leicht, geeignete Versager für mittlere Management-Positionen zu finden, da das Top-Management diese Kräfte mit attraktiven Angeboten in die eigenen Reihen lockt.

Herzlichst, Ihr
Achimowitz

## Globalisierungs-Benefits für Fleischereifachgeschäfte

*Frage:*
Wie kann ich die Möglichkeiten der Globalisierung und des Internet für mein Fleischereifachgeschäft im Bayerischen Wald nutzen?
(Frage von Hans G. aus D.)

*Achimowitz antwortet:*
Vor allem brauchen Sie ein strategisch ausgerichtetes und tragfähiges Business-Modell. Wenn Sie den japanischen Markt mit frischen Weißwürsten über das Internet erschließen wollen, müssen Sie nicht unbedingt in teure Analog-Digitalwandler investieren, um die in Deggendorf gescannten Würste vor Ort in Yokohama digital aus Fleischmehl und Leitungswasser zusammensetzen zu lassen.
Nutzen Sie stattdessen die Möglichkeiten der internationalen over-night-Logistik von UPS oder Gelber Post.
Zur Markteinführung sollte der Wurstpreis in einem harmonischen Verhältnis zu den Versandkosten stehen, die der von Reis gelangweilte Japaner zu tragen hat. Bei 350 Euro Versandpauschale pro angefangenem Kilo Wurst wirkt ein Weißwurst-Einzelpreis von 2,10 Euro weniger rund als ein mit 420 Euro ausgepreistes Würstchen – das Ihnen ganz nebenbei auch noch eine wesentlich attraktivere Gewinnspanne beschert.
Wenn Sie dann bedenken, dass Ihre Mitbewerber allein für die hier vorliegende Marktanalyse ca. 14 200 Euro bei einem renommierten, international aufgestellten Consulting-Unternehmen bezahlen müssten, wird Ihnen umgehend klar: Die Markteintrittsbarriere Ihres Wettbewerbs liegt so hoch, dass Sie auf längere Sicht mit Weißwurst-E-Commerce in Japan etwas über 19 Alleinstellungsmerkmale besitzen. Wer wollte Ihre marktbeherrschende Stellung noch bedrohen außer dem Kartellamt?

Ihr Business-Modell erscheint mir nun so rund und sexy – auch von der Story her –, dass Sie es durchaus mal bei Venture-Capital-Gesellschaften vorstellen sollten. Die suchen händeringend Alternativen zu den ausgetretenen Dotcom-Pfaden und schieben derzeit über 8 Milliarden Euro Investitionsvolumen vor sich her.
Herzlichst, Ihr
Achimowitz

**Der optimale Weg zum Ergebnis**

*Frage:*
Vor zwei Monaten habe ich die Aufgabe bekommen, die innerbetrieblichen Workflows aufzuzeichnen, um daraus Optimierungsmöglichkeiten abzuleiten. Seitdem habe ich nichts anderes mehr gemacht. Aber gleichzeitig türmt sich auf meinem Schreibtisch das Alltagsgeschäft. Jeden Tag kommt ein Packen Beschwerden von Kunden oben drauf. Mein Chef schreit mich täglich an. Gestern hat er mich sogar mit einem Kochlöffel verhauen. Ich habe das Gefühl, mir wird die perfekte Lösung einfallen, aber ich bin mir nicht ganz sicher, wann das geschehen wird.
(Frage von Oliver M. aus H.)

*Achimowitz antwortet:*
Offensichtlich zählen Sie zu der immer leidenden Elite der underrated high potentials – also der Höchst-Potenziellen, die unterschätzt werden. Sie besitzen eine Fähigkeit, die Sie für eine Karriere bis in Vorstandskreise prädestiniert: Konzentration auf das Große und Ganze durch Vermeidung des Profanen. Die Sie auszeichnende Hintanstellung des bremsenden Tagesgeschäfts bei gleichzeitigem Ausbleiben von Resultaten im Endergebnisbereich verführt Unternehmensangehörige mit einer geringer ausgeprägten Neigung zum Denken und Bewerten in komplexen Systemen zu der Einschätzung, Sie seien faul

und unfähig. Die hierarchie-übergreifende Kumulation derartiger Evaluierungen bezüglich Ihrer Person kann Ihre Mission gefährden.

Sie haben daher zwei Optionen:
1. zu einem Ergebnis kommen – was aber wahrscheinlich nicht mit Ihrem an Sie selbst gestellten Qualitätsanspruch korrespondiert und Sie folglich in Gewissensnot brächte.
2. Sie präsentieren ein Zwischenergebnis.

Das ideale Zwischenergebnis ist immer ein Versprechen ohne Zeitangabe. Es stellt die allgemeine Ergebnis-Erwartung in Form launiger Formulierungen in den Vordergrund und bietet dann seitenweise Ansätze für deren wenigstens 17 Gegenteile.
Ein gutes Zwischenergebnis macht Appetit auf mehr Zwischenergebnisse, die entweder durch Umformulierung der letzten Zwischenergebnisse quartalsweise produziert werden, oder immer dann, wenn jemandem im Konzern auffällt: »Wir hatten diese Frage doch diesem – wie heißt er noch, oder haben wir den schon freigestellt? - übertragen. Wer kümmert sich jetzt um den?«
Herzlichst, Ihr
Achimowitz

Mehr Achimowitz Consulting täglich unter
www.achimowitz.de